자녀의 마음을 사는 48가지 가르침의 길잡이

자녀교육에도 테크닉이 필요하다

이충호 지음

자녀교육에도 테크닉이 필요하다

1판 1쇄 펴낸날_2013년 04월 10일
지은이_이충호

펴낸이_이종근
펴낸곳_도서출판 하늘아래
등록번호_제300-2006-23호
주소_서울특별시 도봉구 쌍문2동 598번지 2층
전화_02 374 3531
팩스_02 374 3532
E-mail : haneulbook@naver.com

ISBN 978-89-89897-78-1 13370

잘못 만들어진 책은 바꾸어 드립니다.

자녀의 마음을 사는 48가지 가르침의 길잡이

자녀교육에도 테크닉이 필요하다

이충호 지음

자녀교육의 방법과 요령을 제시한
교육지도의 기법

머리말

자녀교육은 신중하고도 슬기로운 접근이 필요하다

　자녀교육은 모든 가정의 으뜸 되는 관심사입니다. 자녀를 사랑하고 올바르게 키우려고 애쓰는 부모라면 자녀교육에 대하여 깊은 관심을 가질 수밖에 없을 것입니다.

　더구나 자녀교육에는 연습이 없고 시행착오도 용납되지 않습니다. 세상 일에는 연습도 있고 시행착오도 있을 수 있지만, 자녀교육만큼은 시행착오를 해서는 안 됩니다. 이는 한 인간의 장래가 걸린 문제이기도 하고, 또 인간교육에 있어 한 번 잘못된 일을 바로잡는다는 것이 참으로 어려운 일이기도 하기 때문입니다. 그래서 자녀교육은 신중하고도 슬기로운 접근이 필요합니다.

　그렇지만 막상 아이들을 대하고 보면 어떻게 키우는 것이 잘 키우는 건지 도무지 감을 잡을 수 없어 고민하게 됩니다. 더구나 구체적인 문제사태에 접하게 되면 어떻게 지도해야 좋을지 참으로 난감한 경우를 겪게 됩니다.

그럼 일상에서 부닥치는 자녀교육의 고민을 어떻게 풀어 나가면 좋을까요?

이 책은 이런 점에 유의하여 그 방법과 요령을 사례별로 자녀교육의 기법을 제시하고 있습니다. 인성 지도 방법을 비롯하여 사회성 지도 방법과 학습 지도 방법은 물론 청소년의 문제아 지도 방법에 이르기까지 사례를 들어가며 알기 쉽게 구체적인 도움말을 담고 있습니다.

무턱대고 야단치고 타이르는 방법으로는 아이들의 마음을 살 수가 없습니다. 그래서 자녀교육에는 테크닉이 필요할 것입니다.

이제 부모들도 아이들을 다루는 기법을 공부해야 합니다. 아이들을 잘 다룰 수만 있다면 시행착오는 줄일 수 있습니다.

아무쪼록 이 한 권의 책이 자녀를 바르게 키우려고 애쓰는 부모들에게 유용한 길잡이가 되었으면 하는 바람입니다.

이충호

차 례

제1장 자녀를 훌륭하게 키우기 위한 부모의 마음가짐

1. 부모되기는 쉬워도 부모노릇하기는 어렵다 · 12
2. 먼저 자녀에게 꿈을 심어줘라 · 14
3. 미래의 자화상을 분명하게 그리게 하라 · 17
4. 부모의 마음가짐이 중요하다 · 20

제2장 자녀교육의 기법

1. 인성 지도 방법

1) 칭찬은 잘 쓰면 약이 되지만 잘못 쓰면 독이 된다 – 칭찬하는 방법 · 29
2) 격려하는 부모는 칭찬을 아끼지 않는다 – 격려하는 방법 · 34
3) 자녀의 흥미와 관심을 살펴 타고난 재능을 찾아주라 – 재능을 키워주는 방법 · 38
4) 사람은 인정받을 때 변화되고 거듭난다 – 인정의 효과와 방법 · 41
5) 스스로 생각하고 배우며 행동하도록 도와주라 – 자립심을 길러주는 방법 · 44
6) 자녀에게 밝고 긍정적인 암시를 주라 – 암시작용의 교육적 활용 방법 · 48
7) 한 가지만이라도 뛰어난 것이 있으면 그것을 키워주라 – 열등감을 극복하게 하는 방법 · 52
8) 체벌은 마지막으로 선택하는 방법이다 – 효과적인 체벌 방법 · 55
9) 열 번 나무랄 것을 모아서 한 번에 호되게 꾸짖어라 – 효과적인 꾸중 방법 · 59

10) 자유롭게 허용해주어야 창의성은 발휘된다 - 창의성을 길러주는 방법 · 63

11) 타고난 개성과 적성을 키워주라 - 개성과 적성을 키워주는 방법 · 68

12) 무슨 일이든 제일 먼저 시작하고 앞장선다 - 리더십을 키워주는 방법 · 73

13) 스승 존경은 교육을 위한 관심이요 배려이다 - 스승을 존경해야 하는 이유 · 79

2. 사회성 지도 방법

1) 좋은 대화는 성숙한 인간을 만든다 - 효과적인 대화의 방법 · 84

2) 한 편의 쪽지 편지가 상대방의 마음을 움직인다 - 서신을 통한 지도 방법 · 89

3) 책임지는 일을 경험해야 책임감을 키울 수 있다 - 책임감을 길러주는 방법 · 93

4) 용돈은 돈의 가치를 배우는 좋은 계기이다 - 용돈 관리 방법 · 97

5) 과잉보호는 나약한 아이를 만든다 - 과잉보호를 극복하는 방법 · 101

6) 모정적인 밀착보다는 냉엄한 간격을 두는 것이 좋다 - 의존심을 극복하는 방법 · 105

7) 봉사활동은 자기 자신을 위한 것이다 - 봉사활동 권장 방법 · 109

8) 부모의 솔선수범보다 더 좋은 자녀교육은 없다 - 솔선수범이 주는 효과 · 112

3. 학습 지도 방법

1) 공부 못하게 하는 원인을 찾아내 제거해주라 - 자발적으로 공부하게 하는 방법 · 116

2) 질문은 배움을 여는 길이고 침묵은 닫는 길이다 - 질문에 대처하는 방법 · 120

3) 스스로 공부하는 것이 최상의 학습방법이다 - 자기주도학습 습관을 기르는 방법 · 124

4) 관심 속에서 자란 아이는 엇나가지 않는다 - 관심을 갖게 하는 방법 · 129

5) 부모가 먼저 책 읽는 모습을 보여주라 - 효과적인 독서 지도 방법 · 133

6) 일기 쓰는 아이는 결코 곁길로 새는 법이 없다 - 일기쓰기 지도 방법 · 136

7) 몸이 튼튼해야 공부도 잘할 수 있다 - 건강과 학업 모두를 살리는 방법·139

8) 우수두뇌는 유아시절에 만들어진다 - 조기교육이 필요한 이유·142

제3장 청소년 문제아 지도 방법

1. 학업상의 문제아 지도방법

1) 원인부터 파악하여 초기에 제거해야 한다 - 무단결석이 잦은 아이·149

2) 공부에 대한 자신감을 갖게 하는 것이 급선무이다 - 학습의욕이 없는 아이·153

3) 공부하는 요령을 알면 성적은 향상된다 - 공부가 잘 되지 않는 아이·158

4) 숙제는 아이의 몫임을 철저하게 인식시켜야 한다 - 숙제를 하기 싫어하는 아이·163

5) 성적불량의 원인을 찾아 보완하면 올라간다 - 성적이 나쁜 아이·167

6) 기초능력 결함의 원인을 진단하여 치료해주어야 한다 - 학습에 장애를 받는 아이·171

2. 사회성 문제아 지도 방법

1) 예절교육은 솔선수범을 통한 감화교육이 효과적이다 - 예의가 없는 아이·176

2) 남을 배려할 줄 모르면 사회에 적응할 수 없다 - 남을 배려할 줄 모르는 아이·181

3) 남을 헤아리는 마음가짐이 되어 있어야 한다 - 공덕심이 없는 아이·185

4) 의도적으로 어울릴 수 있는 기회를 마련해준다 - 친구와 어울리지 못하는 아이·190

5) 유혹과 위협에 맞설 수 있게 가치관 교육을 강화한다 - 나쁜 친구들과 어울리는 아이·194

6) 반항행동은 관대한 수용으로 해소된다 - 반항적인 아이·199

3. 행동상 문제아 지도 방법

1) 부모에게 사랑받는 아이는 가출하지 않는다 - 가출하는 아이 · 206

2) 아이에게 도둑놈이라는 딱지를 붙여줘서는 안 된다 - 도벽이 있는 아이 · 211

3) 애정 속에서 자란 아이는 거짓말을 하지 않는다 - 거짓말을 자주 하는 아이 · 216

4) 술·담배는 인생을 망가뜨리는 독성약물이다 - 음주·흡연을 하는 아이 · 222

5) 약물남용의 피해실태를 교육시켜 예방에 힘써야 한다 - 약물을 남용하는 아이 · 227

6) 왕따를 당하지 않도록 적극대응하는 방법을 강구한다 - 집단따돌림을 당하는 아이 · 231

7) 성적 욕구를 건전한 방향으로 승화시킨다 - 불순 이성교제를 하는 아이 · 240

제1장

자녀를 훌륭하게 키우기 위한 부모의 마음가짐

1. 부모되기는 쉬워도 부모노릇하기는 어렵다

자녀가 훌륭한 사람으로 자라기를 바란다면 무엇보다도 먼저 부모의 역할을 제대로 수행해 내기 위한 부모로서의 자각과 함께 최선을 다하여 양육하겠다는 의지와 결심이 필요합니다.

자식을 낳아서 기르는 것만이 부모의 직분이 아닙니다. 올바르게 가르쳐서 훌륭하고 쓸모있는 사람으로 키워야 합니다. 이것이 부모의 책임이요, 의무입니다. 그래서 부모되기는 쉬워도 부모노릇하기는 어렵다는 것입니다.

이 세상의 모든 부모는 자녀가 훌륭한 사람으로 대성하기를 누구나 바라고 있겠지만, 바라는 것만으로는 아무것도 이루어지지 않습니다. 이끌어주고 밀어주어서 자녀의 꿈이 성취될 수 있도록 도와주어야 합니다.

자녀가 훌륭한 사람으로 자라기를 바란다면 무엇보다도 먼저 부모의 역할을 제대로 수행해 내기 위한 부모로서의 자각과 함께 최선을 다하여 양육하겠다는 의지와 결심이 필요합니다. 그러면서 자녀를 어떻게 키울 것인지 나름대로의 자녀교육에 대한 방법과 계획을 가지고 있어야 합니다. 그래야 효과적으로 자녀를 이끌어주고 도와줄 수가 있습니다.

사실 자녀교육은 한 사람의 부모와 한 사람의 자녀 사이에 이루어지는 지극히 개별적인 교육방식이기 때문에 여러 정황에 따라 지도 방법도 달라질 수밖에 없습니다. 따라서 어떤 것이 가장 효과적인 방법이라고 자신 있게 제시할 수는 없습니다. 이 말은 자녀교육에는 정석이 없다는 말과 같습니다. 그렇기 때문에 자녀교육이 어려운 것입니다.

따라서 부모는 어떻게 지도해야 자녀를 훌륭하게 키울 수 있는가에 대하여 부단히 공부하고 연구하는 자세를 갖추어야 하며, 결심한 것을 반드시 실천하려는 의지가 따라야만 합니다. 또한 아무리 자녀를 사랑하고 최선을 다해 키우겠다고 결심하고 실천한다 하더라도 자녀에게 모범이 되지 못하는 부모라면, 그것은 공염불에 지나지 않습니다. 왜냐하면 자녀들은 은연중에 부모의 모든 것을 배우며 닮아가므로 자녀에게 본이 되지 못하는 생활을 하는 부모의 가르침은 무위로 끝날 수밖에 없기 때문입니다.

그러니 자녀를 훌륭하게 키우고 싶다면 무엇보다 아이들이 믿고 따를 수 있는 모범적인 부모가 되어야 합니다.

2. 먼저 자녀에게 꿈을 심어줘라

진정 자녀를 성공인으로 키우고 싶다면 먼저 꿈꾸는 아이가 되게 해야 합니다. 꿈은 희망을 갖게 하고, 의욕을 일으키고, 보람있는 삶을 살게 합니다.

꿈이란 일생을 통해 간절히 바라며 성취하고 싶은 욕망을 이르는 말입니다. 꿈을 갖는다는 것은 그것을 실현하기 위하여 마음으로 다짐하고 분투·노력하는 몸부림의 과정입니다.

진정 자녀를 성공인으로 키우고 싶다면 먼저 꿈꾸는 아이가 되게 해야 합니다. 꿈은 희망을 갖게 하고, 의욕을 일으키고, 보람있는 삶을 살게 합니다. 더욱이 어릴 때, 강렬하게 마음에 새겨진 꿈은 자석과 같아서 모든 생각과 행동을 자기가 지향하는 방향으로 이끌어주며 모든 일에 열정을 기울이게 만듭니다.

또 꿈을 실현하겠다는 강렬한 욕망은 아이들을 끊임없이 자극하고, 하고자 하는 일에 열중하게 만들며 계획을 세우게 하고 그 일에 정성을 다해 전력투구하게 하여, 마침내 뜻을 이루어 성공하게 만드는 것입니다.

꿈을 가져야 할 이유가 바로 여기에 있습니다.

꿈을 가지고 있는 아이는 자기가 이루고자 하는 장래의 목표가 확실히 서 있기 때문에 그 목표를 향하여 끊임없이 배우고 노력하며 자기향상을 위해서 꾸준히 앞으로 나아가려고 합니다. 또 스스로 필요성을 느껴서 하는 일이기 때문에 어떠한 어려움이나 고난을 당할지라도 꿈을 성취하려는 강렬한 욕망으로 이를 이겨내고 앞으로 전진하게 됩니다.

그러나 꿈이 없는 아이는 자기가 나아가야 할 목표가 서 있지 않기 때문에 할 일 없이 한가롭게 아까운 시간만 헛되이 흘려보내게 됩니다. '뭔가 하고 싶고, 되고 싶은 것'이 없으니 해보고자 하는 의욕도 생길 리 없고 그래서 무기력한 나날만 보낼 수밖에 없게 됩니다. 시간이 지날수록 나태해져서 삶의 의욕을 잃은 채 마침내 인생의 낙오자가 됩니다.

꿈이 없고 목표가 없이 살아가는 아이는, 마치 자기가 어디로 가는지도 모르면서 무작정 걷기만 하는 것과 같고 나침반 없이 바다를 항해하는 배와 같습니다.

이렇듯 꿈이 있는 아이와 없는 아이의 차이는 엄청납니다. 꿈은 목표를 달성하고 뜻을 이루게 하는 촉진제입니다. 때문에 꿈을 확실하게 심어 놓으면 그 꿈과 열정이 아이로 하여금 스스로 일어서게 만들고 기어이 뜻을 이루게 하는 것입니다. 꿈은 곧 아이를 성장시키는 힘이 되는 것입니다.

따라서 부모가 자녀를 키울 때 제일 먼저 할 일은 어릴 때부터 꿈을 심어주는 것입니다.

아이들이 꿈을 갖게 되면 장차 자신이 어떤 일을 해야 하고, 또 어떤 사람이 되어야겠다는 분명한 목표의식과 굳은 의지를 가지고 살아가기 때문에 한눈팔지 않고 전진하게 됩니다. 그리고 부모가 일일이 간섭하지 않아도 아이 스스로 자신이 해야 할 일을 찾아 열심히 노력하게 됩니다.

부모는 다만 자녀가 이루고자 하는 꿈을 이루어 나갈 수 있도록 여건을 조성해주고 격려해주며, 뒤에서 밀어주는 보조자의 역할만 하면 되는 것입니다.

결국 자녀를 성공인으로 키우고 싶다면 먼저 꿈을 심어주고 그 꿈이 성장할 수 있도록 도와주는 것이 무엇보다도 중요합니다.

3. 미래의 자화상을 분명하게 그리게 하라

미래의 모습을 사진이나 그림, 또는 글귀로 만들어 책상 위에 놓거나 벽에 걸어 놓고 매일 바라보게 하면 성취동기를 계속 유발하는 효력이 있어 꿈을 키워주는 데 효과적인 방법이 될 수 있습니다.

　자녀의 꿈을 키워주는 데 있어 가장 먼저 해야 할 일은 자녀가 정말 하고 싶어하는 것이 무엇인지 파악하는 것입니다. 이 불타는 욕망이 있을 때, 그것을 성취하겠다는 의욕을 불러일으키게 되는 것입니다. 그러면 자녀의 진정한 꿈을 알아보기 위해 진지하게 품은 욕망이 무엇인지를 알아내는 일부터 시작해야 합니다.

❶ 우선 자녀가 '하고 싶은 것, 되고 싶은 것'을 생각나는 대로 제한 없이 적어봅니다. 그리고 나서 어떤 욕구가 강한지, 어떤 욕구가 중요한지를 자녀 스스로 비교·분석하게 하여 열 가지 정도를 선정한 다음, 그 우선순위를 정합니다.

❷ 자녀가 선정한 열 가지 정도의 욕구 리스트를 가지고 다음 사항을 참

고하여 자녀의 적성과 재능이 반영된 꿈의 목록을 최종적으로 작성합니다.
- 어떤 일에 흥미와 취미와 관심이 있는가?
- 어떤 일에 쉽게 몰두하고 전념하는가?
- 어떤 일에 소질이 있다고 인정받고 있는가?
- 적성검사에서 어떻게 나타나고 있는가?
- 어떤 일로 인해 과거에 학교나 외부기관으로부터 표창이나 상을 받았던 사례가 있는가?

❸ 꿈의 목록은 부모와 자녀가 의논하여 세 가지 정도로 압축해서 선정합니다. 아이들의 욕구는 성장하면서 변하는 것이므로 꿈의 목록은 해마다 작성하면서 조정할 필요가 있습니다.

❹ 꿈의 목록이 작성되면 우선 무엇을 성취해야 하는지가 명확해집니다. 그 다음, 그것을 이루기 위한 당면 문제를 선정하고 이를 언제까지, 어떤 방법으로, 어느 정도로 성취할 것인지에 대한 구체적인 방법을 세워야 합니다. 예를 들어 '나는 외국어대학을 졸업하고 국제동시통역사가 된다'는 것이 꿈이라면, 중학교 졸업 때까지 영어회화를, 고교 졸업 때까지는 불어를 자유롭게 구사할 수 있도록 한다는 단계별 실행계획을 구체적으로 세우는 것입니다.

다음은 미래의 성공한 자화상을 시각화하는 일입니다. 아이들이 자신이 꿈꾸어 온 성공한 자기 모습을 마음속에서만 그리는 게 아니라 현실로 이루어진 것으로 상상하고 그 자화상을 시각화함으로써 실제로 완성된 자기의 모습을 느껴보도록 하는 것입니다. 자기가 장차 되고 싶은 미래의 모습을 사진이나 그림, 또는 글귀로 만들어 책상 위에 놓거나 벽에 걸어 놓고 매일 바라보게 하면 성취동기를 계속 유발하는 효력이 있어 꿈을 키워주는 데 효과적인 방법이 될 수 있습니다.

 미국의 심리학자인 단 카스터 박사는 '사람이 무엇을 반복하여 생각하고 있으면, 정신력은 그것을 생각하고 있는 마음속 모습 그대로 실현시켜 놓는다'고 말하고 있습니다. 다시 말하면 자기가 원하는 것을 늘 마음속 깊이 새기고 있으면 바라는 모습 그대로 되어 간다는 것입니다.

 그래서 많은 성공인들이 그런 시각화를 통해서 미래의 꿈을 성취한 자기의 모습을 상상함으로써 그렇게 되고 싶다는 강한 욕망을 불태우며 꿈을 키웠던 것입니다.

 무릇 모든 행동은 욕망을 향해 일어나는 것이므로 그 분출된 욕망이 할 일을 찾게 되고 그 일에 도전하게 하며 그 성취를 향해 열정을 기울이게 만드는 것입니다.

4. 부모의 마음가짐이 중요하다

부모들은 열린 마음으로 자녀의 이야기에 관심을 가지고 경청할 줄 알아야 하며 언제든 자녀와 터 놓고 이야기할 수 있는 열린 대화의 분위기를 조성해주어야 합니다.

부모라면 누구나 자녀를 훌륭하게 키우고 싶어합니다. 그러나 자녀를 훌륭하게 키우고 못 키우고는 전적으로 부모의 마음가짐에 달려 있습니다. 부모가 어떤 마음의 자세를 가지고 자녀교육에 임하느냐에 따라 크게 영향을 받기 때문입니다.

그러면 자녀를 성공인으로 키우기 위해서는 부모가 어떤 마음가짐으로 임해야 하는지를 생각해보기로 합니다.

첫째, 열린 마음으로 자녀를 대하는 부모가 되어야 합니다.
아이들의 내면세계로 깊숙이 들어가 우리 아이들이 무엇을 어떻게 생각하고 행동하는지 이해하려는 노력이 없다면 자녀교육은 성공할 수 없습니다. 아이들의 마음을 이해하고 부모와 자녀가 정서적 교감을 나누면 부모 자식 간의 관계가 한층 깊어지며 자녀교육도 훨씬 수월해집니다. 그런데 많은 부모들은 자녀들의 생각을 누구보다도 잘 알고 있다고 자부하지만 실제로는 착각하고 있는 경우가 많습니다. 그것은 자녀의 관점에서 문제를 보려고 애쓰기보다는 부모의 입장에서 문제를 보려 하기 때문에 제대로 이해할 수가 없는 것입니다. 더구나 부모가 선입관과 편견에 너무 집착하고 있기 때문에 아이들의 생각을 쉽게 받아들이지 못하는 것이기도 합니다.

그러므로 부모들은 열린 마음으로 자녀의 이야기에 관심을 가지고 경청할 줄 알아야 하며 언제든 자녀와 터놓고 이야기할 수 있는 열린 대화의 분위기를 조성해주어야 합니다. 그래야 자녀가 편안한 마음으로 어떤 일에 대해서도 부담 없이 질문하고 자신의 생각을 서슴없이 말할 수 있게 됩니다. 이렇게 되어야만 대화와 교감의 문이 활짝 열리고 자녀들을 참되게 이해할 수 있습니다.

둘째, 자녀와 좋은 관계를 유지하는 부모가 되어야 합니다.

부모와 자녀 간의 관계가 좋으면 자녀교육은 상당 부분 성공한 것이나 다름이 없습니다. 부모와 자녀 간에 좋은 관계가 유지되고 있을 때, 자녀는 부모를 신뢰하고 따르게 됩니다. 그렇다고 자녀와의 좋은 관계 유지가 아무런 노력 없이 이루어지는 것은 아닙니다. 자녀와 함께 산책이나 운동을 하거나 조용히 의견을 교환하는 등, 함께 시간을 보낼 수 있는 기회를 자주 만들어야 합니다. 또 생일이나 축하해줄 일이 생겼을 때, 거기에 알맞는 선물을 준비하고 칭찬과 격려의 시간을 갖는다면 가족 간의 정을 더욱 두텁게 하고 인간관계를 발전시키는 좋은 기회로 작용하며 원만한 관계가 유지되는 것입니다.

셋째, 자녀를 강하게 키우는 부모가 되어야 합니다.

자녀를 성공인으로 키우려면 아이들을 육체적으로나 정신적으로 강하게 키우는 것이 중요합니다. 건강이 좋지 않아 마음이 약해지면 자연히 모든 일에 의욕과 용기를 잃게 되어 자기의 뜻을 관철할 수 없게 됩니다. 그래서 자녀의 건강에 대한 관심은 모든 관심에 앞서야 합니다. 근래 대부분의 가정이 한두 자녀밖에 두지 않아 과잉보호하는 경향이 있어 걱정스럽습니다. 조금만 추워도 감기들까 봐 밖에 나가 놀지도 못하게 하고 친구들과 어울려 등산이나 수영 같은 운동이라도 한다 치면 위험하다고 아예 생각도 못하도록 만류합니다.

이 같은 과잉보호 속에서 자란 아이들은 덩치만 컸지 콩나물 같은 체력에다 속마음까지 나약해져서 작은 어려움도 이겨내지 못합니다. 또 부딪혀 나가는 용기도 없고 작은 난관에도 쉽게 포기하고 좌절하는 무기력한 인간으로 자라기 십상입니다.

그러니 부모는 자녀가 어릴 때부터 건강한 체력과 강인한 정신을 갖도록 들판의 잡초처럼 키울 필요가 있습니다. 아이들을 산과 들, 강에서 마음껏 뛰어 놀 수 있게 하고 때로는 담력을 기르기 위해 자녀를 산속에 홀로 두고 지켜보는 것과 같은 모험과 도전이 없이는 결코 자녀를 강하게 키울 수 없다는 사실을 깊이 인식하고 자녀를 강하게 키우는 일에 주저하지 말아야 합니다.

넷째, 칭찬하고 격려하는 부모가 되어야 합니다.
　칭찬과 격려는 자녀들로 하여금 더 열심히 잘하려고 노력하도록 만드는 마력이 있습니다. 칭찬과 격려를 받으면 기분이 좋고 사는 것이 즐거워질 뿐만 아니라, 의욕과 용기가 생기고 긍지를 느끼게 되어 삶의 활력소가 되고 자기발전의 촉진제가 됩니다.
　이렇듯 칭찬과 격려는 아이들에게 자신감을 갖게 하고 더욱 분발할 수 있는 계기를 마련해주는 것입니다. 그런데도 우리 부모들은 대체로 칭찬에는 인색하고 오히려 꾸중하는 데 익숙해 있는 게 사실입니다.
　칭찬은 아이를 분발케 하지만 지나친 꾸중은 아이를 좌절케 합니다. 자녀를 꾸지람보다 칭찬으로 키우는 것이 현명한 선택입니다. 특히 감수성이 예민한 아이들에게는 무엇보다 칭찬이 중요합니다. 백 번의 꾸지람보다 한마디 칭찬이 아이의 마음을 움직이고 변화시킨다는 것을 깊이 인식하고 칭찬과 격려를 아끼지 말아야 합니다. 우리는 적절한 칭찬과 격려의 한마디가 한 인간의 분발을 촉구하기도 하고 새로운 인생으로 탈바꿈하게 만드는 계기가 된다는 것을 주위에서 많이 듣고 보아서 잘 알고 있습니다. 그러므로 부모들은 자녀의 장점이나 잘한 일을 찾아 인정해주고 칭찬해줌으로써 의욕과 용기를 북돋아 주어야 합니다.

다섯째, 자녀에게 모범이 되는 부모가 되어야 합니다.

아이들은 뭔가 모범이 되는 대상을 목표로 삼아 그것을 본받으며 성장합니다. 부모는 자녀와 가장 가까운 거리에 있고 가장 접촉이 빈번한 대상이기 때문에 자녀들은 은연 중에 부모의 외모에서부터 성격, 습관, 가치관, 살아가는 지혜 등 많은 것을 배우며 닮아갑니다. 그런데 부모가 전혀 꿈도 없고, 자녀들에게 모범이 되지 못하는 모습을 보인다면 아이들 또한 그런 모습이 될 것입니다.

교육은 신뢰와 존경을 바탕으로 이루어집니다. 부모가 자녀에게 모범이 되지 못해 신뢰받지 못한다면 부모의 가르침은 헛될 수밖에 없습니다.

아이들은 부모가 하는 말을 듣고 자라는 것이 아니라, 부모의 행동을 보고 자라는 것입니다. 결국 부모가 일상생활에서 삶의 보람과 가치를 찾고 열심히 살아가는 모습을 행동으로 보여주는 것이 최고의 교육입니다. 따라서 자녀의 가치관 형성과 올바른 행동교육은 부모에게 달려 있다 해도 지나친 말이 아닙니다.

때문에 아이들이 바람직한 모습으로 성장하고 부모를 믿고 따르게 하려면, 먼저 모범을 보이는 부모가 되어야 합니다.

여섯째, 열심히 배워서 가르치는 부모가 되어야 합니다.

사회가 빠르게 변화하는 것에 맞춰 부모들도 새로운 시대에 걸맞는 자녀교육을 위해 끊임없이 배우지 않으면 안 됩니다. 부모가 앞서가지 못하면 자녀의 성장도 뒤떨어지기 마련입니다. 따라서 다양한 독서를 통해서 필요한 지식과 교양을 습득하여 자녀들이 필요로 하는 욕구를 충족시켜 주어야 합니다.

　더욱이 지금은 이른바 정보화시대여서 부모들이 컴퓨터 정도는 다룰 줄 알아야만 자녀들을 가르칠 수 있는 시대입니다. 따라서 자녀를 효과적으로 지도하기 위해서는 부모들도 열심히 배워서 자녀에게 공부하는 부모, 앞서가는 부모, 교양있는 부모의 모습을 보여주어야 합니다. 그래야만 자녀로부터 신뢰를 받게 될 뿐만 아니라, 그 같은 신뢰에 의해서 부모로서의 권위도 갖게 되고 자녀교육도 힘을 얻게 되는 것입니다.

1. 인성 지도 방법

1) 칭찬은 잘 쓰면 약이 되지만 잘못 쓰면 독이 된다
_칭찬하는 방법

좋은 칭찬과 나쁜 칭찬

장 보러 나갔던 어머니가 집에 돌아와 보니 뜰에 세워두었던 차가 깨끗이 닦여져 있었습니다. 어머니는 청소를 하고 있는 아들을 바라보며 이렇게 칭찬합니다.

"참 애썼구나. 얼마나 깨끗하게 닦았는지 새 차처럼 보이는구나. 정말 고맙다."

그런데 뒤늦게 집에 돌아온 아버지도 칭찬의 말을 합니다.

"너는 훌륭한 아이야. 너는 일류정비공이 되었구나."

같은 상황을 놓고도 이렇게 칭찬하는 방법이 다릅니다. 어머니의 칭찬은 있는 사실을 그대로 말했으며, 아이로 하여금 자기의 노력을 기쁘게 생각하고 이루어놓은 일을 자랑스럽게 여기게 했습니다. 그래서 아이는 '내가 좋은 일을 했기 때문에 어머니가 매우 기뻐하시는구나' 하고 생각하고 앞으로도 차는 자기가 닦아 놓겠다고 다짐하게 만들었습니다.

그런데 아버지의 칭찬은 해놓은 일에 대한 칭찬이 아니고 아이의 인격에 대해 평가함으로써, 아이에게 겉치레의 칭찬으로 받아들여져서 오히려 불쾌하게 만들었습니다.

칭찬은 자녀가 공감하는 것이라야 효과가 있다

앞의 사례에서 우리는 칭찬하는 말은 아이들이 공감하는 것이어야 효과가 있다는 교훈을 얻습니다. 우리는 칭찬의 두 가지 측면에 대해 생각하지 않으면 안 됩니다. 그 한 가지는 우리 부모들이 아이들을 어떻게 칭찬할 것이냐 하는 기술적인 문제이고, 또 한 가지는 그 칭찬을 받아들이는 아이가 과연 어떻게 받아들이느냐 하는 공감의 문제입니다.

우리는 아이들의 노력과 수고와 성취에 대해서 잘한 점이 무엇인지를 헤아려 아이가 수긍하는 칭찬을 해주어야 합니다. 그래야만 아이들은 우리가 말한 칭찬을 호의적으로 받아들이게 되는 것입니다.

이제까지 많은 사람들이 칭찬은 무조건 좋은 것으로 여겨왔지만, 실제에 있어서 어떤 칭찬은 역효과를 내는 경우도 있습니다. 아닌 게 아니라 칭찬은 잘 쓰면 약이 되지만, 잘못 쓰면 독이 될 수도 있으므로 신중하게 생각해서 칭찬해야 합니다. 문제는 우리 부모들이 어떻게 칭찬할 것이냐에 달려 있습니다. 칭찬하는 기술이 필요한 것입니다.

칭찬받는 것만큼 힘이 되는 것은 없다

아이들은 누구나 부모로부터 인정받고 칭찬받고 싶어합니다. 자기의 장점이나 잘한 일에 대해서 인정해주고 칭찬해주기를 바라고 있습니다.

장 자크 루소는 그의 교육소설 『에밀』에서 '한 포기의 풀이 성장하려면 따스한 햇빛이 필요하듯이, 한 인간이 건전하게 성장하려면 칭찬이라는 햇빛이 필요하다'고 말했습니다.

칭찬받는 것만큼 힘이 되는 것은 없습니다. 열 마디의 꾸지람보다 한마디의 애정어린 칭찬이 사람의 마음을 움직이고 변화시킵니다. 우리는 자녀의 잘한 일을 찾아 칭찬해주고 격려해주는 데 인색하지 말아야 합니다. 칭찬은 의기소침한 아이들에게 분발하는 힘을 주고 절망과 좌절에 빠져 있는 아이들에게 의욕과 용기를 북돋아주며, 열심히 노력하는 아이에게는 긍지와 자신감을 강화해주는 삶의 활력소가 되고 자기발전의 촉진제가 됩니다. 그러므로 자녀를 꾸지람보다는 애정어린 칭찬으로 키워야 합니다.

어떻게 칭찬하는 것이 좋은 칭찬일까?

그럼 어떻게 칭찬해야 하는지 그 칭찬의 기법을 살펴봅시다.

첫째, 칭찬에는 진실성이 있어야 합니다.

진심에서 우러나온 칭찬이라야 자녀들의 마음에 공감을 주고 좋게 받아들이게 됩니다. 진실성이 없으면 자녀가 공감하지 못하기 때문에 아첨으로 받아들이거나 모멸감을 느끼게 해 오히려 역효과를 가져오게 합니다.

칭찬은 자녀에 대한 정당한 평가여야 하는데, 사실과 다르게 칭찬하거나 분에 넘치게 칭찬하면 오히려 불쾌감을 느껴 분노와 죄책감을 불러일으키기도 합니다. 그러므로 칭찬을 할 때는 진실 그대로 칭찬을 해주어야 감동을 받게 되는 것입니다.

둘째, 칭찬할 때는 자녀들의 노력과 이루어 놓은 공적을 사실 그대로 말해야 합니다.

결코 사람을 판단하는 칭찬은 하지 말아야 합니다. 칭찬은 어디까지나 일의 결과에 대해서만 느낀 그대로 칭찬하고 인간 자체를 평가하는 식의 칭찬은 하지 않아야 합니다. 그래야 자기가 이루어 놓은 일을 자랑스럽게 여기고 더 열심히 일하게 되는 것입니다.

셋째, 지나친 칭찬은 오히려 부작용을 초래합니다.

칭찬은 아이들에게 의욕과 용기를 북돋아 주고 자신감을 갖게 하는 플러스적인 작용을 하지만, 지나친 칭찬은 오히려 부작용을 초래한다는 것을 알아야 합니다.

지나친 칭찬은 칭찬의 가치를 떨어뜨릴 뿐만 아니라 아이들을 중독시킵니다. 칭찬은 잘한 일을 했을 때 해야지, 잘했건 못했건 늘 칭찬하게 되면 칭찬받을 만한 일을 해놓고도 자기가 한 일에 대해 자부심을 갖지 못하게 됩니다. 또 지나친 칭찬을 받으면 부모의 기대에 부응하지 못할지도 모른다는 생각 때문에 압박감과 두려움을 느끼게 됩니다.

그리고 칭찬을 자주 받게 되면 아이들의 입장에서는 점차 조종을 당하고 있다는 느낌을 받게 되어 결국 동기를 상실하게 하여 칭찬받은 행동을 멀리하게 되는 수도 있습니다.

더욱이 십대들에게 훌륭하다거나 지혜롭다는 식의 과분한 칭찬은 상투적인 겉치레 칭찬으로 받아들여져서 칭찬하는 사람을 오히려 불신하게 만듭니다. 또 지나친 칭찬은 아이들을 자만하게 만들어 더 이상 노력할 필요를 느끼지 못하게 해서 오히려 발전을 정체시킬 위험마저 있습니다.

그러므로 어떤 칭찬이 도움이 되는 칭찬인지 또 어떤 칭찬이 도움이 안 되는 칭찬인지 살펴서 생산적인 칭찬을 적절하게 해야 합니다.

2) 격려하는 부모는 칭찬을 아끼지 않는다

_격려하는 방법

내 어머니의 입맞춤이 나를 화가로 만들었다

벤저민 웨스트는 미국 낭만주의 화가의 선구자로 예술세계에 널리 알려진 유명한 화가입니다. 그는 어린 시절 그림을 그리다가 자칫 재앙으로 끝날 뻔한 일이 있었습니다.

어느 날 어머니가 장을 보러 외출한 사이에 여동생 샐리를 돌보고 있었는데, 문득 여러 개의 그림물감을 발견하고는 그것으로 동생의 초상화를 그리고 싶은 충동을 느꼈습니다.

한참 동안 열심히 그리고 있었는데 느닷없이 달려온 여동생의 장난으로 사방에 물감이 튕겨나가는 바람에 방안은 온통 물감 투성이가 되었고 그림 또한 엉망이 되었습니다.

그런데 장을 보고 집에 돌아온 어머니는 물감으로 얼룩진 가구들을 보면서도 아무 말 없이 그림 종이를 집어들고 잠시 보고 있더니 감탄하듯 이렇게 말하는 것이었습니다.

'아, 샐리의 초상화구나! 그림 참 근사하게 그렸구나' 하고는 몸을 구부리고 아들에게 입을 맞추었습니다.

유명화가로 성장한 벤저민은 훗날 인생의 전환점을 가져다 준 그날을 기억하며 이렇게 말하곤 했습니다.

"내 어머니의 입맞춤이 나를 화가로 만들었다."

꾸지람보다 격려로 키워나가는 것이 최상의 양육방법이다

소년 벤저민이 잔뜩 겁을 먹고 긴장하고 있을 때, 어머니는 잘못에 대한 질책 대신 벤저민의 재능을 발견하고 오히려 기뻐하며 칭찬을 해줌으로써 벤저민을 격려해주었습니다. 이 같은 어머니의 한마디 격려가 벤저민으로 하여금 인생의 전환기를 맞게 한 것입니다.

이렇듯 격려는 자녀들의 가치와 능력을 믿고 그들에게 의욕과 용기를 북돋아 주고 더 열심히 노력하도록 분발하게 하는 것입니다.

자녀들이 하는 일에는 잘하는 것도 있고 잘못하고 있는 것도 함께 있기 마련입니다. 성장과정에 있는 만큼 하는 일이 서툴고 기대에 못 미치는 일이 있을 수 있습니다. 설혹 잘못하고 실수를 저질렀다 하더라도 하고자 하는 뜻이 좋았다면 그것을 인정하고 너그럽게 받아들여야 합니다.

　자녀들은 나름대로 부모의 기대에 부응하려고 노력하면서 한편으로는 부모의 사랑에 찬 유익한 격려를 바라고 있습니다. 그런데 자녀들이 잘못하거나 실수한 것만을 가지고 계속해서 잘못을 지적하거나 잔소리를 하게 되면 반발과 좌절감을 불러일으키게 할 뿐입니다. 그러므로 지혜로운 부모는 잘한 면, 잘못한 면을 그대로 받아들이고 잘한 면은 칭찬해주고 잘못한 면은 되도록 드러내놓지 않고 넘어가는 것입니다.

　이렇듯 격려는 가치와 능력에 초점을 맞추어 그들에게 의욕과 용기를 북돋아줘서 자신감을 갖게 하는 것을 의미합니다. 우리가 자녀들에게 바라는 것은 이처럼 자신감 있는 아이로 성장하는 것입니다. 그러므로 부모는 자녀를 꾸지람보다는 애정어린 칭찬과 격려로 키워나가는 것이 최선의 양육방법입니다.

격려하는 부모의 자세는 어떠해야 할까?

　격려하는 부모는 꾸지람에는 인색하지만 칭찬은 아끼지 않습니다. 아이의 노력을 기쁘게 생각하고 이루어놓은 일을 자랑스럽게 여깁니다. 우리 부모들은 자녀의 잘한 일을 찾아 칭찬해주고 격려해주는 데 인색하지 말아야 합니다.

　격려하는 부모는 비판적인 말을 쓰지 않으며 다른 아이들과 비교하지 않습니다. 서로 다른 개성과 능력을 비교하는 일을 절대로 하지 않으며 오히려 재능과 관심이 다른 것을 발견하고 그것을 신장시키는 일을 도와줍니다.

격려하는 부모는 비현실적인 격려는 하지 않습니다. 성적이 불량한 아이에게 우등생이 되라고 하는 것과 같이 실현이 불가능한 격려는 하지 않습니다. 실현가능한 목표만이 적극적인 노력을 불러오는 것이기 때문에 아이의 현재의 수준에 알맞은 목표를 세우도록 도와줍니다.

격려하는 부모는 결과만을 생각하지 말고 최선을 다하는 것이 중요하다고 가르칩니다. 과정은 어찌 됐든 결과가 좋아야 한다고 강요하지 않습니다. 그것은 아이를 분발하게 하는 것이 아니라 스트레스만 받게 합니다. 최선을 다하는 것만이 자신의 목표를 한발 한발 높여나갈 수 있습니다.

그래서 격려하는 부모는 자녀의 가치를 인정하고 자녀들의 노력이나 개선에 초점을 맞추어 인정해주고 칭찬하고 격려해주어야 합니다. 그래야만 분발하여 자신감 있는 아이로 성장할 수 있습니다.

3) 자녀의 흥미와 관심을 살펴 타고난 재능을 찾아주라
_재능을 키워주는 방법

누구나 한 가지 재능은 가지고 태어난다

'무엇을 하건 성공할 가능성이 희박하다는 평가를 받은 저능아' 라고 불리던 사람이 있었습니다. 그는 상대성원리를 발견하고 노벨상까지 받은 알베르트 아인슈타인 박사입니다.

그러나 그의 어린 시절에서는 눈을 씻고 찾아보아도 천재적인 특징이라곤 보이지 않았습니다.

그런 그를 어떻게 세계적인 물리학자로 대성하게 했을까요?

사람은 누구나 타인에 비해 탁월한 한 가지 이상의 재능을 가지고 태어난다고 합니다. 이 같은 사실은 보지도 듣지도 말하지도 못하는 세 가지 불구의 몸을 지닌 헬렌 켈러의 이야기를 떠올리면 쉽게 알 수 있습니다. 헬렌 켈러 같은 중증장애인에게도 숨겨진 재능이 있었는데 하물며 온전한 아이들에게 재능이 없을 수 있겠습니까? 어떤 아이에게도 반드시 그 아이만의 특별한 재능이 숨겨져 있다는 것은 틀림없는 사실입니다.

이 같은 사실을 확신하고 있던 알베르트의 어머니 파울리네는 아이의 일상생활을 주의깊게 살펴보고, 비록 학교공부는 못하지만, '혼자서 생각하고 추리하고 발상하는 능력'이 뛰어나다는 것을 발견해냈습니다.

그래서 어머니는 학교공부와의 갈등 속에서 힘겨워하는 아들에게 무엇보다도 자유롭게 생각하고 행동할 수 있게 만들어 주려고 애를 썼습니다. 이 같은 어머니의 사랑과, 재능을 발견하고 그것을 최대한으로 길러주려는 노력이 그를 당대의 제일가는 과학자로 키워냈을 것입니다.

우리 부모들도 아이들의 일상생활을 주의깊게 살펴서 아이의 남다른 재능을 찾아내 일찍부터 그 재능을 키워주는 데 힘써야 합니다.

유태인들은 재능을 어떻게 키워주고 있는가?

유태인들은 자녀들에게는 저마다의 개성이 있기 때문에, 다른 아이와 다른 점을 찾아서 그 재능을 키워주는 것이 좋은 장래를 약속받는 길이라고 믿었습니다.

그래서 유태인들은 자녀가 공부를 잘하기보다는 타고난 재능을 잘 발휘하도록 이끌어주는 데 교육의 목표를 두고 있습니다.

'남보다 뛰어나게'가 아니라 '남과 다르게'를 가르치는 유태인 부모들은 자녀 스스로가 자신의 적성에 맞는 취미와 하고 싶은 일을 찾아내 공부하는 것을 대견스러워 하고 자랑스럽게 여깁니다.

따라서 유태인 부모들은 아이들의 그러한 시도와 노력을 뒷받침하기 위해 어릴 때부터 아이가 어떤 데에 흥미와 관심을 가지고 있는지, 또 싫어하는 것과 하고 싶어하는 일이 무엇인지 주의를 기울여 살펴봅니다. 그렇게 관찰함으로써 아이의 성격이나 취미, 소질, 관심, 꿈과 개성 등이 다른 아이들과 어떻게 다른지를 알아내고 그것을 더욱 개발할 수 있도록 북돋아줍니다.

남과 다르게 자라기를 바라는 유태인들은 우리나라 부모들처럼 옆집 아이가 영어를 잘하니까, 미술을 잘하니까 우리 아이도 영어학원에 보내고 미술학원에 보내야 한다는 생각을 갖는 일은 없습니다.

단지 자녀 스스로가 어떤 분야에 관심을 보이거나 재능을 보인다면 누구보다 적극적으로 그 분야를 배우도록 도와줄 뿐입니다.

우열을 다투는 경쟁보다는 저마다 남다른 능력을 가지고 제각기 살아가게 된다면, 서로 다투지 않고 서로를 인정하며 공존할 수 있을 것이니 모두에게 좋은 일이 될 것입니다.

그러므로 우리 부모들은 자녀를 다른 아이와 경쟁시키려고 할 것이 아니라, 아이에게 소질이 있고 또 아이가 하고 싶어하는 것을 적극 권장하여 그 일에서 성취의 기쁨을 누릴 수 있도록 이끌어주어야 합니다.

4) 사람은 인정받을 때 변화되고 거듭난다
_인정의 효과와 방법

어느 문제아가 탈바꿈한 사연

어떤 그룹의 회장이었던 사람의 이야기입니다. 그는 소년시절을 매우 불우하게 보냈습니다. 도지사였던 아버지가 6·25 때 북한으로 납치당하고 형들마저 군에 입대하게 되니 졸지에 중학생의 몸으로 네 식구의 가장을 떠맡아야 했습니다.

먹고 살기가 어려웠던 그 시절에 가족의 생계도 해결해야 하고 공부도 해야만 했으니 그의 고생은 이만저만이 아니었습니다. 그러자니 자연히 거칠고 억세게 살 수밖에 없었고 공부도 제대로 될 리가 없었습니다. 성적은 꼴찌에서부터 헤아리는 편이 훨씬 빨랐고, 말썽도 많이 일으킨 형편없는 문제아였습니다.

그런 그가 고등학교 2학년 때 그의 삶에 결정적인 영향을 미친 선생님을 만나게 됩니다. 당시 담임선생이던 그 선생님은 어느 날 그를 조용히 불렀습니다. 선생님은 오랫동안 그를 지켜보고 있었다면서 이렇게 말하는 것이었습니다.

"나는 너를 믿는다. 너는 무엇이든 할 수 있어. 용기를 내라!"

뜻밖의 진솔한 칭찬과 애정어린 격려에 진한 감동을 받은 소년은 이것이 계기가 되어 인생의 일대전환기를 맞게 됩니다.

선생님은 그의 잠재적 가능성을 공식적으로 인정해준 최초의 사람이었으며, 새로운 희망과 용기를 불러일으킨 스승이었던 것입니다.

그 후 선생님은 무슨 속셈이었는지 문제아였던 그를 1학기 때에는 부반장을 시켰고 2학기에는 규율부장에 임명했습니다. 규율부장이 되자 그의 생활은 갑자기 변할 수밖에 없었습니다. 규율부장은 다른 학생의 모범이 되어야 했기에 그는 공부도 열심히 했고, 마침내는 선두를 다투는 모범생으로 탈바꿈했습니다.

사람은 인정받을 때 변화되고 거듭난다

사람은 인정받을 때 변화되고 새롭게 거듭나기 시작합니다. 미국의 저명한 철학가이며 심리학자인 윌리엄 제임스는 '인간의 본성 가운데 가장 중요한 욕구는 인정받고 싶어하는 것'이라고 말했습니다. 이것은 자신이 가치 있으며 사랑받고 있다는 것을 남에게 인정받고 싶다는 욕구가 가장 강하다는 말입니다. 이처럼 남에게서 인정받기를 바라는 것은, 남이 나를 인정할 때 비로소 자신의 가치와 능력을 인정하게 되기 때문입니다.

이렇듯 남으로부터 자기의 가치를 인정받게 되면 그때부터 자기 능력 이상의 것을 발휘하려고 하는 심리가 생겨 크게 발전할 수 있는 계기가 만들어질 수 있기 때문입니다.

인정해주면 인정받은 만큼 성장한다

자녀를 인정하고 칭찬해준다는 것은 곧 믿음과 기대를 갖고 있다는 것을 의미합니다. 아이들은 부모가 자기를 인정하고 사랑해주고 있다는 믿음과 기대가 없으면 부모든 선생님이든 그 누구의 말도 받아들이지 않습니다. 따라서 아이들의 꿈을 키워주기 위해서는 인정받고 싶어하고, 칭찬받고 싶어하고, 격려받고 싶어하는 아이들의 무의식적인 욕구를 인정하고 받아들이는 것이 우선입니다.

아이들은 부모의 인정과 사랑을 받게 될 때 자신감이 생겨 의욕을 갖고 더 잘하려고 노력하게 될 뿐 아니라, 마음의 문을 열고 부모의 뜻을 모두 받아들일 것입니다.

그렇게 될 때 아이들은 기를 펴고 의욕을 가지고 자기가 이루고자 하는 꿈의 실현을 위해 분발할 것이고 또 꿈을 이룰 수 있다는 확신을 가질 수 있게 될 것입니다.

5) 스스로 생각하고 배우며 행동하도록 도와주라
_자립심을 길러주는 방법

한국에서는 다 그렇게 가르칩니까?

어느 한국인 학자가 이스라엘 가정의 초청을 받아 방문하였을 때의 이야기입니다.

마침 유태인 아버지가 갓난아이에게 서는 법을 가르치고 있었는데, 그것이 매우 특이했습니다. 아이가 서게 하는 연습인데, 아이가 발에 힘을 주는가 싶으면, 그 순간 그의 아버지는 잡고 있던 손을 놓았습니다. 아직 땅을 짚고 설 만한 다리의 힘도 없고 요령도 모르는 아이가 한참을 지탱한다는 것이 여간 힘든 일이 아니었을 것입니다. 아버지가 손을 놓기가 무섭게 아이는 옆으로 기우뚱거리며 쓰러졌습니다.

그때 이 광경을 지켜보고 있던 한국인 학자는 자기도 모르게 쓰러지는 아이를 잡았습니다. 그런데 정작 아이의 아버지는 결코 쓰러지는 아이를 잡으려 하지 않았습니다. 그의 행동이 이상한지 아이의 아버지가 물었습니다.

"한국에서는 아이들을 다 그렇게 가르칩니까?"

"뭘 어떻게 말씀입니까?"

그는 자기의 행동이 당연하다고 생각했기에 아무런 이상함을 못 느끼고 있었는데, 아이의 아버지는 진지하게 묻고 있었습니다.

"그거야 부모의 입장에서 너무나 당연한 일이 아닙니까? 만약 아이가 넘어져 다치기라도 하면 어쩌겠습니까?"

"물론 그러한 사고방식은 일리가 있지만, 저희 유태인들은 결코 아이가 넘어져도 잡아주지 않습니다. 아이의 장래를 위해서 아주 어릴 때부터 자립심을 길러주어야 하죠. '이 세상은 너 혼자 헤쳐나가야 하는 것이다' 이런 마음을 무언중에 심어주는 것이지요."

아이의 아버지는 그의 말을 받아 이어가면서도 계속 아이에게 다시 서는 법을 가르쳤습니다. 아이도 계속 섰다 싶으면 넘어지는 동작을 반복하고 있었습니다. 그러나 아이의 입에서 울음소리는 나오지 않았습니다.

과보호는 나약하고 의존적인 인간을 만든다

유태인 가정에서 자립심을 길러주는 방법은 우리에게 많은 것을 깨닫게 해줍니다. 요즘처럼 과잉보호가 판을 치고 있는 우리로서는 한번쯤 곱씹어 생각하고 넘어가야 할 교육방법이 아닐까 생각해봅니다.

요즘의 많은 가정에서는 한두 명의 자녀만 두고 있는 데다가 생활이 넉넉하다보니, 자녀에 대한 사랑이 지나쳐 아이들의 일에 지나치게 간섭하거나 통제하려는 경향이 있어 걱정입니다.

아이들을 지나치게 사랑한 나머지 아이들이 원하는 것이 있으면 무엇이든 충족시켜 주고 있으며, 또 아이들을 보호한다는 구실로 아이들의 행동을 일일이 간섭하고 통제하고 있는 것입니다.

이렇게 스스로 할 일을 생각하고 행동으로 옮겨 볼 기회를 갖지 못하고 자라는 아이들은 항상 부모의 통제를 받으며 그저 부모가 시키는 대로 해왔기 때문에, 사회생활에서는 누군가에 의지하지 않으면 아무것도 하지 못하는 나약하고 무능한 의존적 인간이 되고 마는 것입니다. 이렇듯 지나친 과보호는 아이의 장래를 망치고 쓸모없는 인간으로 만들고 있는 것입니다.

스스로 생각하고 행동하도록 도와주라

심리학자들은 이 같은 의존적 성격의 원인이 양육방법에 있다고 지적합니다. 의존적 성격은 결코 선천적이 아니며, 어린 시절에 어떤 교육을 받았으냐에 따라서 결정된다는 것입니다.

그럼 자립심을 키워주려면 어떻게 해야 할까요? 아이들은 네다섯 살 때 자립심이 왕성하게 싹트기 시작합니다. 물론 이때의 자립심은 혼자 살 수 있는 것을 의미하는 것이 아니고, 지금까지 많은 것을 부모에게 의존해야 할 수 있었던 일을 스스로 해보려는 것을 의미합니다.

이때는 잘하는 것이 목적이 아니기 때문에 자녀에게 스스로 하도록 기회를 주어 혼자 해냈다는 경험을 하도록 하는 것이 무엇보다 중요합니다.

그러므로 부모들은 호기심이 많고 의욕이 강해 무엇이든 해보고 싶어하는 아이들을 간섭하고 통제할 것이 아니라, 스스로 생각하고 배우며 행동하도록 도와주는 것이 무엇보다 중요합니다. 아이들은 어려운 일을 혼자 해냈을 때, 자신감이 생기고 자립심이 크게 강화되는 것입니다.

우리 부모들은 특히 성장기의 아이들에게 사물에 도전하는 힘을 키워주어야 하며 결코 이를 두려워해서는 안 됩니다. 아이들은 누구나 넘어지면서 서는 법을 배우고 넘어지고 다치기도 하면서 성장하는 것입니다. 이러한 과정을 체험하고 극복할 때, 아이들은 육체적으로 정신적으로 건전하게 성장할 수 있는 것입니다.

6) 자녀에게 밝고 긍정적인 암시를 주라
_암시작용의 교육적 활용 방법

손금이 준 미래에 대한 희망과 확신

그녀가 초등학교 5학년이었을 때, 어느 날 담임선생님은 무료했던지 반 학생들의 손금을 봐주었습니다. 진규의 손금을 유심히 들여다본 선생님은 무척 놀라는 기색이었습니다. 그리고 쉬는 시간에 교무실에서 그녀의 손금을 다시 보며 이렇게 말하는 것이었습니다.
"우리 진규는 언젠가 크게 될 사람이에요. 내가 장담합니다."
그 한마디 선생님의 예언은 늘 집안에서 '쓸데없는 가시나'란 말만 들으며 희망을 버릴 수밖에 없었던 진규에게 희망과 용기를 북돋아 주기에 충분했습니다.

손금은 과학적으로 증명할 수 없는 미신일지 모르지만, 한창 자라나는 그녀에게 이 같은 예언은 어떤 과학으로도 설명할 수 없는 엄청난 힘을 갖게 하였습니다. 그날 담임선생님의 그 말씀이 없었더라면 아마도 진규는 하찮은 일생을 살았을지도 모릅니다.

'너는 크게 될 사람' 이라는 그 예언은 부지불식간에 놀라운 암시작용에 의해 그녀로 하여금 사고나 행동에 커다란 변화를 일으키게 하였으며 미래에 대한 희망과 확신을 갖게 하였습니다.

놀라운 예언의 힘

이 이야기의 주인공은 미국 여군 소령으로 하버드 대학의 박사가 된 서진규 교수입니다. 가난한 엿장수의 딸로 태어나 갖은 천대와 고난을 겪으며 겨우 고등학교를 마친 그녀는 가발공장의 여공으로 시작해서 골프장·식당 종업원 등으로 일했습니다. 그러다 우연히 미국 가정집에서 식모를 구한다는 광고를 보고 미국으로 가, 이후 20여 년 간의 군 생활을 거치면서 굳은 신념 하나로 자신을 가로막는 갖가지 장벽을 뚫고 마침내 자기의 뜻을 이루어낸 보기 드문 여걸입니다.

그녀가 좌절과 절망 속에서도 꿈을 잃지 않고 끊임없이 도전하여 뜻을 이룰 수 있도록 북돋아준 그 힘은 어디서 왔을까요?

그것은 그녀의 손금을 본 담임선생님의 '너는 크게 될 사람' 이라는 예언의 힘이었습니다. 그 예언은 그녀에게 큰 용기를 주고 새로운 의지를 발동시켜 줌으로써 어떠한 역경도 돌파할 수 있는 힘을 만들어 주었습니다. 미래에 어떤 소망이 이루어질 것이라는 암시는 어둠을 비추는 희망의 등불이요, 삶을 전진시키는 힘이 되었던 것입니다.

암시작용의 교육적 활용

우리는 이 예언의 힘을 자녀교육에 활용할 수 있습니다. 그 가장 효과적인 방법의 하나는 타인에 의한 암시작용입니다.

암시는 자기 마음속에 또는 남의 마음속에 어떤 생각과 관념을 심어주는 작용을 말합니다. 이렇게 일단 마음속에 심어진 암시는 어떤 믿음으로 변하게 되고, 그 믿음에서 신념이 형성되는 것입니다. 이 암시작용은 사람의 생각과 행동을 변화시키는 힘을 가지고 있습니다. 우리가 이 원리와 방법을 자녀교육에 활용한다면 아이들의 성장이나 성공을 이루는 데 굉장한 효과를 얻을 수 있습니다.

아이들은 자라나는 동안 부모나 선생님이나 가까운 주변의 사람들로부터 많은 암시를 받게 됩니다. 특히 어린 시절에 부모나 선생님은 절대적인 영향을 끼치는 존재로, 그분들이 하는 말은 분별없이 무조건 받아들여 믿게 되므로, 이때에 긍정적인 좋은 암시를 주어 아이들의 생각과 행동을 바람직한 방향으로 이끌어 준다면 자녀교육에 큰 도움이 될 것입니다.

예를 들어 '엄마가 용꿈을 꾸고 너를 낳았기 때문에 커서 반드시 훌륭한 인물이 될 것' 이라든지, '너는 호기심이 많고 관찰력이 뛰어나 노력만

한다면 틀림없이 훌륭한 과학자가 될 것'이라는 식으로 긍정적인 암시를 주면 그 아이는 암시를 받은 방향으로 생각하고 노력하게 됩니다.

이와 반대로 부모나 선생님이 자신도 의식하지 못한 채 무심코 '못난 녀석 무엇 하나 제대로 하는 것이 있어야지'라든가 '너는 그 머리 가지고 대학 가기는 다 틀렸다'고 말하는 등 부정적인 나쁜 암시를 주게 되면 그 아이는 암시하는 대로 생각하고 아무런 노력도 하지 않을 가능성이 높습니다.

이처럼 타인에 의해서 심어지는 타자암시는 일생 동안 잠재의식 속에 계속 남게 되어 암시를 받는 방향으로 이끄는 무서운 마력이 있습니다. 그러므로 함부로 부정적인 암시를 주어서는 안 되는 것입니다.

우리는 자녀에게 긍정적인 암시를 줄 수도 있고, 부정적인 암시를 줄 수도 있습니다. 우리는 자녀들에게 밝고 적극적이고 긍정적인 암시를 주어 희망과 확신을 가지고 스스로 밝은 미래를 개척해 나가는 도전하는 자녀가 되게 해야 합니다.

7) 한 가지만이라도 뛰어난 것이 있으면 그것을 키워주라
_열등감을 극복하게 하는 방법

남보다 뛰어난 점을 발견하여 키워주라

일본의 대표적인 전자회사인 소니(SONY)를 창설한 이부카 마사루 회장의 장남은 발육이 늦어 초등학교에 들어갔을 때 심한 열등감을 가진 아이였습니다.

그런 그가 어느 날 갑자기 바이올린을 배우고 싶다고 말했습니다. 지금까지 어떤 일에도 의욕이 없어 나서지 않던 아이가 뭔가 하고 싶어하는 게 기특해서 바이올린을 가르쳤는데, 뜻밖에 흥미를 가지고 열심히 배워서 상당한 기량을 발휘할 수 있게 되었습니다.

얼마 뒤 학예회에 출연하여 선생님과 학무모들 앞에서 연주할 기회가 있었는데, 그 연주가 성공적으로 이루어져 많은 사람들로부터 칭찬을 받았습니다. 이것이 계기가 되어 지금까지 그를 억눌러 왔던 열등감은 사라지고 자신감이 생기자 학업면에서도 점점 성적이 향상되어 마침내는 우등생이 되었다는 것입니다.

누구에게나 열등감은 있다

이 이야기는 비록 열등아일지라도 어떤 부분에서 다른 아이들보다 뛰어난 점이 있다는 것을 자각하게 되면, 그것이 감성지능의 발달에 좋은 영향을 주어 다른 면에도 자신감이 생겨 열등감에서 벗어날 수 있다는 것을 보여주고 있습니다.

대체로 사람들은 다섯 사람 중에 적어도 네 사람은 무엇이든 어느 정도의 열등감을 가지고 있다고 합니다. 머리가 나쁘다, 키가 작다, 자라난 환경이 나쁘다, 몸이 약하다, 말재주가 없다는 등 이루 헤아릴 수 없을 정도로 누구나 열등감을 가지고 있습니다.

유명한 인사들 중에도 열등감을 가지고 있는 사람이 적지 않았습니다. 베토벤, 나폴레옹, 뉴튼, 에디슨, 처칠 같은 위인들도 열등감에 빠져 있었다고 합니다.

이렇듯 열등감은 누구에게나 있게 마련인데, 그 자체는 해로운 것도 아니고 이로운 것도 아닙니다. 그러나 이에 대해 어떻게 마음을 쓰느냐에 따라 자기를 파괴하기도 하고 반대로 인간을 크게 만들기도 합니다.

앞의 위인들은 열등감을 지니고 있었지만 남에게 지지 않으려고 했고, 또 남보다 우월하려고 노력함으로써 그것을 발전과 향상의 용수철로 삼았던 것입니다.

성공적으로 해내는 기회를 만들어 주라

그럼 어떻게 하면 열등감에서 벗어날 수 있을까요?

앞에서 본 바와 같이 어떤 한 가지 일에 다른 아이들보다 뛰어난 점이 있다는 것을 자각하게 되거나, 어떤 계기를 통하여 자신의 능력을 인정받게 되면, 다른 모든 일에도 자신이 붙어 열등감에서 벗어날 수 있습니다.

또 어떤 일을 성공적으로 해내는 경험이 쌓이면 자신감이 생겨 열등감에서 벗어날 수 있습니다. 자신감을 갖게 하기 위해서는 아이들로 하여금 어떤 일을 성공적으로 해내는 기회를 만들어 주어야 합니다.

아이들은 이 같은 경험을 통해 '나도 할 수 있다'는 자신감이 생겨 열등감에서 벗어날 수 있는 것입니다.

그러므로 부모는 아무리 사소한 일이라도 자녀가 무엇을 배우고 싶어하거나, 무엇인가 한 가지만이라도 뛰어나게 잘하는 것이 있으면 그것을 잘 키워줌으로써, 다른 영역으로도 자신감을 확대해 나가도록 이끌어 주어야 할 것입니다.

8) 체벌은 마지막으로 선택하는 방법이다
_효과적인 체벌 방법

화풀이로 딸을 때린 어머니의 고백

어느 날 집에 놀러온 옛 동창 앞에서 초등학교 4학년인 딸아이가 버릇없는 행동을 하자 몹시 난처했습니다. 아이를 잘못 가르쳤다고 핀잔을 할 것만 같아 부아가 치밀어올랐으나 꾹 참았습니다.

친구가 돌아간 뒤 다짜고짜 딸의 방으로 달려가 양쪽 뺨을 정신없이 때렸습니다. 이성을 잃고 마구 손찌검을 해대던 그녀는 딸이 울부짖으며 '어른들은 좋겠다. 마음대로 때릴 수 있어서' 하고 목쉰 소리를 토해냈을 때 그만 숨이 꽉 막혀버리는 듯했습니다. 이 어머니는 친구 앞에서 망신을 당했다는 생각과 모욕감 등이 뒤범벅이 되어 화풀이를 해댄 자신의 행동을 뉘우친 후 두 번 다시 체벌을 하지 않는다고 했습니다.

그러면서 이 어머니는 어느 학부모 모임에서 펴낸 책자에 실린 수기에서 체벌없는 자녀교육의 어려움을 이렇게 고백하고 있습니다.

'상식과 교양을 지녔다고 자부하는 부모 중에서 누가 체벌이나 폭언으로 자녀를 대하고 싶겠는가. 그러나 아이들을 가르치다 보면 체벌이 불가피한 경우가 한두 번이 아니다. 왜 그렇게 때릴 일이 많은지, 형편없는 성적표, 고분고분하지 않고 미운 짓만 골라 하는 태도, 몇 번이고 꾸짖어도 또다시 되풀이하는 비행 등등 참을 수 없는 일들이 부모의 마음을 괴롭게 만들고 있다'

사랑의 매, 타당한가?

이 어머니의 고백은 모든 부모들에게 공감되는 바가 있습니다. 그러면서 이 어머니의 훈육태도에 대해서도 많은 것을 생각하게 합니다. 오죽했으면 그랬겠는가 싶겠지만 이것은 분명 훈육을 빙자한 폭력행사입니다. 그래서 '사랑의 매, 타당한가?' 하고 묻게 되는 것입니다.

우리나라에서는 지금까지 부모나 교사가 매를 드는 것은 '옳은 사람이 되라'는 목적의식에서 출발했기 때문에 교육을 위해서는 체벌이 어느 정도 필요하다는 사회적 합의가 이루어져 왔으나 근래에 와서 이것은 점차 힘을 잃어가고 있습니다. 집집마다 자녀를 한두 아이만 두게 되어 부모들이 지나치게 자녀들을 과잉보호하는 경향이고 보니 자식이 잘못을 저질러도 따끔하게 매 한번 들지 않고 넘어가고 있는 것이 현실입니다. 그러다 보니 '버릇없는 아이'가 나올 수밖에 없는 것입니다. 여기에 우리 부모의 고민이 있는 것입니다.

　물론 체벌이 최선의 방법이 될 수는 없습니다. 그러나 아이들을 기르다 보면 체벌이 불가피한 경우가 있습니다. 자녀가 할 수 있는 것과 해서는 안 되는 것의 한계를 확실히 정해 놓고, 그 한계를 알면서도 넘어설 때는 따끔하게 매를 들어서라도 바로 잡을 수 있어야 합니다. 이것은 부모의 책임이요 의무인 것입니다. 그러나 그것은 여러 가지 방법을 생각하다가 마지막으로 선택하는 방법이어야 합니다. 그럴 때 사랑의 매는 용납될 수가 있습니다.

　체벌은 과연 사랑의 매인가? 아니면 훈육을 빙자한 폭력인가?

　이러한 체벌논쟁은 체벌의 잠재적 폭력성과 불합리성을 일깨우는 데 어느 정도 기여했다고 볼 수도 있으나, 지나치게 이분법적인 논쟁으로 치우친 감이 없지 않습니다. 사실 개성이 다른 인간을 길러내는 과정에서 이 방법은 절대로 안 되고 저 방법은 꼭 필요하다는 이분법적인 사고는 옳지 않다고 생각됩니다. 그러므로 체벌은 원칙적으로 금하되, 경우에 따라 체벌을 할 때도 원칙을 세워 명실공히 '사랑의 매'가 되도록 해야 할 것입니다.

체벌의 전제조건은 왜 필요한가?

　그럼 불가피하게 매를 들게 된다면 어떻게 해야 하는지 생각해보기로 합니다.

　체벌은 여러 가지 방법 중에서 마지막 수단이어야 합니다. 타일러보고 야단도 쳐보고 경고도 해보고 또 다시는 그러지 않겠다는 다짐도 받아본 뒤에 그래도 안 되면 매를 들도록 합니다.

　더욱이 부모 자신이 화가 나 있을 때는 절대로 체벌을 해서는 안 됩니다. 이럴 때 주는 벌은 벌이 아니고 화풀이가 되기 쉽습니다. 감정적인 매를 맞은 자녀는 부모를 무서워하지만, 부모에 대한 반발심으로 인해 아무런 교육적 효과도 없습니다.

　이럴 때는 부모나 자녀 모두에게 냉각기가 필요합니다. 화가 나도 꾹 참고 적어도 30분 정도 여유를 두고 생각해본 뒤에 벌을 주도록 해야 합니다. 감정적인 대응이 되지 않도록 하기 위함입니다.

　무엇보다 중요한 것은 벌을 준 다음에는 반드시 풀어주어야 한다는 것입니다. 벌을 주는 것으로만 끝나버리면 때리는 부모에게 미움 같은 나쁜 감정만 갖게 되므로, 벌을 준 다음에는 반드시 한편으로는 애정표현이 수반되어야 합니다.

　'오른손으로 벌을 주었으면 왼손으로 안아주라'는 유태인의 교훈처럼 아이를 다독거리는 행위는 나쁜 감정을 씻어 주는 명약이 될 수 있습니다.

9) 열 번 나무랄 것을 모아서 한 번에 호되게 꾸짖어라
_효과적인 꾸중 방법

아이구, 이를 어쩌나, 이 바보 같은 놈아!

아이가 응접실에 있는 도자기를 들고 놀다가 그만 실수로 마룻바닥에 떨어뜨려 박살을 내고 말았습니다. 부엌에서 일하던 어머니가 뛰쳐나와 소리를 지릅니다.

"아이구, 이를 어쩌나. 이 바보 같은 놈아. 이게 얼마짜린데."

불안해 떨고 있는 아이에게 어머니의 노여움에 찬 질책은 쏟아집니다.

"뭐하고 있는 거야. 빨리 치우지 못해!"

이런 경우 우리나라의 많은 어머니들이 이와 같은 반응을 보일 것이라고 짐작이 됩니다. 이에 반해 좀 생각이 있는 어머니라면 일단 마음을 가라앉히고 차분하게 나무랄 것입니다.

"도자기는 두고 감상하라는 것이지 장난감이 아니야. 장난을 할 때는 장난감을 가지고 놀아야지 그걸 가지고 놀면 되겠니!"

비교적 온건하게 보이지만 말하는 어조에 따라서는 상당히 매서운 꾸중이 될 수도 있습니다. 이렇듯 같은 상황을 가지고도 꾸중하는 방법은 사람마다 이렇게 다릅니다.

사사건건 꾸중하면 쇠귀에 경 읽기가 된다

아이들을 꾸중한다는 것은 애정의 표현입니다. 그 아이를 진심으로 사랑하기 때문에 나무라는 것입니다. 하지만 꾸중도 지혜롭게 해야지 잘못 나무라게 되면 오히려 반감을 가지게 하는 등 부작용을 낳게 할 뿐만 아니라, 인격형성에 돌이킬 수 없는 손상을 가져올 수도 있습니다.

앞의 경우를 보면 한쪽은 실수에 의해서 저지른 잘못보다는 어린이의 인격 자체를 꾸짖고 있는 데 반해, 다른 한쪽은 잘못된 행동만을 나무라고 있습니다. 어느 쪽이 바람직한 꾸중의 방법인지는 물을 것도 없습니다. 부모가 관심을 가져야 할 것은 잘못된 행동이 다시 반복되지 않도록 예방하는 것이지 아이의 인격 자체를 모독하거나 비웃는 것은 아니기 때문입니다.

그런데 아이들이 잘못했을 때 요령없이 꾸중하는 것도 문제지만, 습관적으로 야단치는 부모들이 더 문제입니다. 잘못할 때마다 분별없이 사사건건 야단을 치게 되면 그것이야말로 쇠귀에 경 읽기가 됩니다. 그런 부모들은 이미 부모로서의 권위가 실추되고 말았기 때문에 야단치면 칠수록 아이들은 점점 더 부모에게서 멀어지게 되기 마련입니다.

그래서 '칭찬에 인색하지 말고 꾸중에 인색하라'는 말까지 나왔는데, 이것은 되도록 칭찬은 많이 하고 꾸중은 적게 하라는 뜻입니다.

그렇다고 꾸중을 가볍게 생각하거나 꾸중을 하지 말라는 것은 아닙니다. 다만 꾸중을 자주 하게 되면 어느 사이엔가 그 아이는 꾸중받는 데 익숙해지고 부모의 질책을 두려워하지 않거나 신중하게 받아들이지 않게 되기 때문에, 꾸중은 되도록 적게 하는 것이 효과적이라는 것입니다. 그러니까 아이를 나무라는 데도 요령이 필요하다는 것입니다.

바람직한 꾸중의 방법은 무엇인가?

그럼 어떻게 꾸짖는 것이 가장 효과적인 방법일까요?

첫째는, 꾸중하는 횟수를 줄이는 것이 무엇보다 중요합니다.
매번 잘못을 저지를 때마다 나무라면 아이들은 만성적인 잔소리로 생각해 부모의 책망을 어렵게 받아들이지 않게 됩니다. 그러므로 열 번 나무랄 것을 모아서 한 번에 호되게 꾸짖는 것이 효과적입니다. 꾸중하는 횟수를 줄이면 줄일수록 그 교육성과는 큽니다.

둘째는, 자녀를 꾸짖을 때는 엄격하고 차분한 말씨로 짧고 분명하게 잘못

을 추궁하고 반성을 촉구해야 합니다.

꾸짖을 때에는 단 몇 마디로 따끔하게 나무라야 그 성과가 나타납니다. 결코 감정이 앞서 흥분해서 퍼붓거나 화를 내서는 안 됩니다.

셋째는, 아이를 꾸짖을 때는 냉정하고 차분하게 작은 목소리로 꾸짖어야 합니다.

큰 소리로 꾸짖는 것보다 작은 소리로 꾸짖을 때 오히려 부모의 말에 더 귀를 기울이게 되는 것입니다.

넷째는, 마음에 상처를 주는 말을 함부로 해서는 안 됩니다.

마무리 화가 난다 해도 아이들 마음에 씻을 수 없는 상처를 줄 수 있는 말은 절대로 해서는 안 됩니다.

끝으로 꾸짖고 난 뒤에는 반드시 부모쪽에서 손을 내밀어 안아주어야 합니다. 꾸중만 하고 그대로 내버려두면, 아이는 반성하는 마음보다 꾸짖는 사람에 대한 원망, 반항심, 불안감 등이 생겨나기 마련이므로, 꾸중한 뒤에는 반드시 아이의 마음에 생긴 응어리를 풀어주어야 합니다.

꾸중은 잘하면 약이 되지만 잘못하면 독이 될 수도 있습니다. 쇠뿔을 고치려다가 소를 죽이게 되는 어리석음을 범해서는 안 됩니다. 습관화된 잔소리는 독이 될 수밖에 없습니다.

10) 자유롭게 허용해주어야 창의성은 발휘된다
_창의성을 길러주는 방법

괴짜였던 토머스 에디슨

발명왕 토머스 에디슨은 어린 시절부터 호기심이 많아 엉뚱한 짓을 저지르는 괴짜였습니다. 무엇을 보든지 예사롭게 보는 일이 없었고, 항상 의문을 품고 눈에 띄는 것과 머릿속에 떠오르는 것들을 아무나 붙잡고 꼬치꼬치 캐묻기 일쑤였습니다.

학교에서는 아무 시간에나 느닷없이 '선생님, 바람은 어째서 생겨요?', '별이 있는 곳까지 올라가려면 얼마 동안이나 걸리나요?' 하고 질문하는가 하면, 산수시간에는 '1 더하기 1은 왜 2가 되나요?', '1 더하기 1은 하나가 될 수도 있어요' 하고 보통 상식을 뛰어넘는 엉뚱한 질문으로 선생님을 당혹하게 만들기 일쑤였습니다.

　이렇듯 세상에서 크게 성공한 사람들은 너나 할 것 없이 유소년시절부터 많든 적든 간에 각자 자기 나름의 괴짜 같은 독특한 개성을 가지고 있었습니다. 에디슨 또한 주위 사람들을 귀찮게 만들고 학교를 그만두게 한 남다른 호기심과 질문하는 버릇은 훗날 그가 인류 역사상 가장 위대한 발명가가 되는 싹이었던 것입니다.

발명의 싹을 키워준 어머니

　어린 토머스의 이 같은 질문공세에 참을성 있게 대답해주고 발명의 싹을 키워준 사람은 바로 어머니였습니다. 젊었을 때 잠시 교사생활을 했던 그녀는 창의성이 뛰어난 토머스의 재능과 성격을 잘 알고 있었기 때문에 자유롭게 공부하도록 여건을 만들어 주고 아들에게 배우는 즐거움과 독서하는 기쁨을 심어주었습니다. 무엇보다 중요하게 토머스의 남다른 창의성을 길러주는데 진력함으로써, 평생 동안 1,300여 종의 특허를 낸 훌륭한 발명가로 키워낼 수 있었습니다.

창의성은 누구나 가지고 태어난다

　흔히 창의성이라고 하면 에디슨처럼 기발한 아이디어를 내는 능력이라고 생각하기 쉽습니다만, 그렇게 특별한 사람만이 가진 특별한 능력은 아닙니다. 누구나 태어날 때부터 지니고 태어나지만, 이를 부모들이 눈여겨 보지 않고 지나쳐버리기 때문에 이를 발견하지 못하고 우리 아이에게는 창의성이 없다고 생각하는 것입니다.

다음에 열거하는 창의성 있는 아이들의 행동특징을 살펴보면 우리 아이에게도 창의성이 있음을 발견할 수 있을 것입니다.

❶ 아주 호기심이 많고 또 질문도 많이 하고 시끄럽고 요란합니다.
❷ 줏대없이 남의 의견이나 행동을 따라 하지 않습니다.
❸ 뭔가를 시도해보기를 좋아하고 경험해보고 싶어합니다.
❹ 어떤 문제의 답을 여러 개 내고 생각을 잘 표현합니다.
❺ 장난기가 많고 놀기를 좋아하고 놀 때는 열중해서 놉니다.
❻ 상상력이 풍부하고 새로운 아이디어를 만들어내기도 합니다.
❼ 남이 감히 생각하지 못한 것, 행동하지 못한 것을 해냅니다.
❽ 상식과 일상에 얽매이지 않고 비약도 하고 둘러엎기도 합니다.
❾ 엉뚱하고 뚱딴지 같은 생각에 사로잡힐 때도 있습니다.

이러한 행동특징이 있는 아이들은 창의성이 뛰어난 아이들이라고 볼 수 있습니다. 이들이 창의성을 제대로 발휘할 수 있도록 도와주는 일은 부모들의 몫입니다.

창의성을 길러주려면 어떻게 해야 할까?

창의성을 길러주려면 무엇보다도 금지의 태도를 허용의 태도로 바꾸는

데 주저하지 말아야 합니다. 그럼 어릴 때부터 창의성을 길러주려면 어떻게 해야 할까요?

첫째, 자유스러운 가정 분위기를 조성해주어야 합니다.
　창의력을 기르기 위해서는 가정의 분위기가 자유로워야 합니다. 아이들이 생각하는 일, 표현하는 일이나 행동에 제약을 많이 가하면 창의력은 길러지지 않습니다. 되도록 자유롭게 허용해주어야 창의력을 발휘할 수 있는 기회와 용기를 얻을 수 있기 때문입니다.

둘째, 좋은 책을 골라 많이 읽게 합니다.
　책은 많은 사람들의 경험과 인류의 문화유산을 축적해 놓은 창고와 같은 것입니다. 이를 통해 간접적으로 다양한 경험을 쌓게 되며, 이것은 창의력을 키울 수 있는 좋은 자료가 됩니다.

셋째, 호기심이나 의문을 가지도록 이끌어 줍니다.
　아이들은 경험이 적기 때문에 보는 것마다 호기심과 의문에 차 있습니다. 우리 주변에서 일어나는 사물이나 일에 대하여 더 깊이 파헤치도록 늘 세심한 관심을 가지는 버릇을 길러주어야 합니다. 귀찮을 정도의 질문을 참을성 있게 대답해주는 것은 곧 창의성의 싹을 키워주는 것이 됩니다.

넷째, 유심히 관찰하는 습성을 길러주어야 합니다.

창의성은 치밀한 관찰력이 뒷받침되어야 잘 길러질 수 있습니다. 정확한 관찰을 할 수 있어야 돌아가는 일들의 이치를 토대로 새로운 것을 만들어낼 수 있으므로, 무엇이나 유심히 관찰하는 습성을 길러주어야 합니다.

11) 타고난 개성과 적성을 키워주라

_개성과 적성을 키워주는 방법

자살해도 천국에 갈 수 있나요?

어느 교회의 목사에게 한 학생이 찾아와 상담을 청했습니다. 그 학생은 무척 풀이 죽어서 목사에게 물었습니다.

"목사님, 자살이 뭔가요? 자살을 해도 천국에 갈 수 있나요?"

"학생, 무슨 일이 생긴 것이지요. 그렇지요?"

그 학생은 한참을 망설이다가 체념한 듯 입을 열었습니다.

"저희 부모님들은 KS마크를 좋아합니다. 형은 서울대에 다니고, 누나는 경기여고를 졸업하고 이화여대에 다니고 있습니다. 그런데 저는 삼수를 하고 있습니다. 사람들은 저를 주워온 자식이라고 합니다."

학생은 그동안 가족들에게 당했던 온갖 구박들을 주섬주섬 늘어놓았습니다.

"그래서 학생은 어떻게 했나요?"

학생의 얼굴이 점점 분노로 굳어졌습니다.

"말대꾸를 하다가는 집을 뛰쳐나가 버립니다. 이제는 집에 들어가기가 싫습니다."

목사는 그 학생을 진정시켜 돌려보내기가 쉽지 않았습니다. 아마도 자살을 해도 천국에 갈 수 있다면, 그렇게 실행에 옮길 수도 있었을 것입니다. 사람은 약해지는 순간 모든 열등감이 한꺼번에 일어납니다. 그리하여 자살까지 생각하게 되고 사후의 세계에 관심을 갖게 된 것입니다. 이렇게 어린아이들에게 주는 심한 차별은 일생 동안 돌이킬 수 없는 치명타가 될 수 있습니다.

개성이 다른 형제를 비교해선 안 된다

형제 간의 능력을 비교하여 면박을 주거나 질책하는 것은 앞의 사례에서 보는 바와 같이 심각한 사태로까지 발전할 수 있는 위험한 훈육방법입니다. 아이를 업신여기는 차별적인 질책은 능력이 부족한 쪽을 주눅들게 하고 자신감을 잃게 하는 것뿐만 아니라 적의까지 품게 만듭니다.

모든 사람에게는 개성이 있고, 그 개성은 모두 학교공부에만 적합한 것은 아닙니다. 학교공부에서는 성적이 좋지 못하지만, 다른 면의 능력을 계발할 수 있는 소지가 있는 아이도 있습니다.

형제 간의 성적이 다른 것은 당연합니다. 능력이 다르기 때문에 하는 일의 결과도 다를 수밖에 없습니다.

그런데 우리 부모들은 곧잘 형제 간의 성적을 비교하면서 학업을 독려하고 있는 것입니다.

아이들은 타고난 재능과 소명을 가지고 세상에 태어납니다. 어떤 아이는 공부하는 데 소질이 있어 학자로서의 길을 가기도 하고, 어떤 아이는 예능에 적성이 있어 예술가가 되기도 합니다.

그러나 우리 아이들은 공부도 예능도 운동도 모두 잘하도록 강요받으며 자랍니다. 공부를 하는 데도 한 과목의 성적만 떨어져도 온통 구박으로 아이들의 기를 죽입니다. 이것은 아이들의 적성이나 능력을 무시한 채, 오직 명문대학을 나와야만 제구실을 하며 살 수 있다고 생각하는 부모의 지나친 기대감에서 비롯된 것입니다.

기가 생동하면 누구라도 자기가 가진 능력 이상의 실력을 보이게 된다는 것이 심리학자들의 분석입니다. 다른 아이들과의 비교나 지나친 기대감은 오히려 아이들의 기를 죽여 스스로를 비관하게 만드는 결과를 가져오게도 합니다.

그러므로 서로 다른 형제의 개성과 능력을 비교하는 일은 절대로 해서는 안 됩니다. 오히려 형제의 재능과 관심이 다름을 발견하고 거기에 맞는 앞길을 열어주도록 해야 합니다.

자기 적성에 맞는 기능을 갖도록 도와주자

우리 가정교육은 변해야 합니다. 유태인처럼 어린이의 개성을 존중해주고 그것을 신장시키는 데 중점을 두어야 합니다.

유태인들은 '남보다 우수하게 되기보다 타인과 다르게 되라'고 가르치며, 형제가 서로 다른 것을 오히려 환영하고 있습니다.

그들의 격언 중에 '형제의 머리를 비교하면 양쪽을 다 죽이지만, 형제의 개성을 비교하면 양쪽을 다 살릴 수 있다'는 말이 있습니다. 이것은 개성의 중요성을 강조한 것으로 형제는 독자적인 인격을 가지고 있으므로 개성이 다른 형제를 비교해서는 안 된다는 것입니다.

따라서 우리 부모들은 능력이나 성격이나 적성이 다른 형제들의 타고난 개성을 토대로 자기의 적성에 맞는 기능을 갖도록 도와주는 것이 무엇보다 중요한 과제가 되어야 하겠습니다.

개성과 적성을 살려주려면 어떻게 해야 할까?

그럼 자녀들의 개성을 존중하고 적성을 살려주기 위해 우리 부모들이 힘써야 할 것이 무엇인지 생각해보기로 합니다.

첫째, 자녀의 개성을 존중해주어야 합니다.
개성을 존중해 주자면 부모의 성격이 대범해야 합니다. 그래야 아이들이 자유스럽게 자랄 수 있어서 개성을 십분 발휘하게 됩니다. 부모가 대범하지 못하면 아이의 일에 일일이 간섭하게 되고 그 결과는 아이가 스스로 생각하고 행동하지 못하게 되어 무기력해질 수밖에 없게 됩니다.

둘째, 아이의 특이성을 인정해주어야 합니다.
학교공부는 잘하지 못하지만 그림, 노래, 운동, 손재주 등 여러 면에 특별한 재능이나 능력이 있는 아이들의 개성과 적성을 신장시키려면, 그 특이성을 인정해주고 그것을 살려나가도록 도와주는 것이 무엇보다 필요합니다.

셋째, 특별한 재능을 집중적으로 키워주어야 합니다.
사람은 한 가지 재주로 먹고 산다고 합니다. 여러 가지 재주가 있다고 해서 그 재주를 다 쓸 수도 키워줄 수도 없는 것이므로, 여러 가지 일에 힘을 분산할 것이 아니라, 자기가 하고 싶고 또 잘할 수 있는 한 가지 일에 집중적으로 노력을 기울이는 것이 그 방면에 두각을 나타낼 수 있고 아울러 성공할 확률도 높은 것입니다.

12) 무슨 일이든 제일 먼저 시작하고 앞장선다
_리더십을 키워주는 방법

너는 할 수 있어!

초등학교 6학년인 박 양은 4학년 때부터 학급부회장을 맡기 시작해 5학년 때는 전교부회장에, 6학년 때는 전교회장에 선출됐을 만큼 리더십이 뛰어난 학생입니다. 박 양의 강점은 뛰어난 발표력으로, 자기의 생각을 조리 있게 표현함으로써 모든 활동에서 두각을 나타내고 있습니다.

그러나 박 양이 처음부터 두각을 나타낸 아이는 아니었습니다. 초등학교 저학년 때까지만 해도 박 양은 자신감이 없는 소극적인 아이였습니다. 밖에 나가 친구들과 어울려 노는 일도 드물었습니다.

이런 소심하고 비사교적인 딸을 지켜본 어머니는 사회성과 자신감을 키워주어야겠다고 다짐하고, 먼저 아이와 대화를 나누는 시간을 자주 갖게 되었습니다. 대화할 때는 아이의 말을 끝까지 들어주고, 아이에게도 엄마의 말을 끝까지 주의깊게 듣도록 했습니다.

또 주말에는 반 친구들을 데려오게 해서 함께 어울릴 수 있는 시간을 갖게 했습니다. 친구들과 친하게 지내면서 아이의 사회성도 점차 좋아졌습니다.

방학 때는 같이 신문을 보면서 서로 생각을 교환하고 아이가 모르는 시사상식을 직접 가르치며 자기의 생각을 발표하도록 했습니다. 그러는 사이에 말 수도 늘고 남의 말을 경청하며 배려하는 마음을 갖게 되었을 뿐만 아니라, 자기의 생각을 조리 있게 발표하는 능력도 키울 수가 있었습니다.

박 양의 어머니는 이를 바탕삼아 자신감을 키워주기 위해 2학년 때부터 동요 부르기 대회, 영어 말하기 대회, 토론 대회, 스카우트 활동 등 각종 대외활동에 적극 참가토록 했습니다. 대회에 참가하면서 다른 사람 앞에 서는 일을 두려워하지 않게 되었고, 또 자기의 생각을 발표하는 데 주저하지 않게 되었습니다.

박 양은 4학년 때 처음으로 학급부회장에 선출된 이후, 5학년 때에 전교부회장에 출마할 때는 주저하기도 했습니다. 어머니는 '넌 할 수 있다. 한번 도전해 봐라. 설령 안 되더라도 도전하는 모습은 아름답다'며 아이를 격려했습니다. 전교부회장에 선출되면서 자신감을 얻은 박 양은, 6학년 전교회장 선거에 '서로 배려하는 학교를 만들겠다'는 공약을 내걸고 당당히 당선됐습니다.

리더십의 핵심은 자신감이다

내성적이고 자신감 없는 아이 때문에 걱정하는 부모가 많습니다. 앞의 사례를 보면서 내 아이도 전교생 앞에 당당히 나설 수 있는 학생회장처럼 키울 수 없을까 하는 부러운 마음이 없지 않았을 것입니다. 그러나 걱정할 필요는 없습니다. 앞의 박 양도 소극적이고 자신감이 없는 아이였지만, 적절한 훈련을 통하여 자신감 있고 적극적인 리더로 키울 수 있었습니다.

리더십의 핵심은 자신감입니다. 모든 사람은 범위가 크든 적든 어떤 면에서는 자신감이 있는 분야가 있습니다. 이것을 적절한 훈련을 통해서 의도적으로 강화해 나가면 얼마든지 계발될 수 있으며 누구나 리더십을 발휘할 수 있습니다.

자신감을 계발한다는 것은 곧 자녀를 성공의 길로 이끈다는 것이며, 성취동기를 부여함으로써 자녀의 잠재능력을 끌어내 이를 더욱 활용한다는 것을 의미합니다.

그럼 자신감이란 무엇인가? 자기가 하는 일에 자신이 있다고 믿는 마음입니다. 자신의 능력과 가치를 믿는 것입니다. 자기에게는 무엇이나 할 수 있는 능력이 있다고 믿는 것입니다. 또 자기는 무가치한 존재가 아니라 쓸모 있는 사람이라고 믿는 것입니다.

이러한 자신감은 용기와 신념을 갖게 하고, 목적한 일에 용감하게 도전할 수 있는 힘을 줍니다. 따라서 자녀를 리더십 있는 아이로 키우려면 무엇보다도 자신감 있는 아이로 키우는 일이 우선입니다.

리더십을 어떻게 키울 것인가?

리더십이 있는 아이는 대체로 자기확신에 차 있고 어른이나 또래들을 똑같이 존중합니다. 장난감도 기꺼이 친구들과 같이 나누고 유머도 있고 의욕과 호기심이 대단합니다. 무슨 일이든 제일 먼저 시작하고 앞장을 섭니다. 그러나 무엇보다도 다른 아이와 확실히 구분되는 점은, 리더십이 있는 아이는 모든 일을 대단히 열심히 한다는 것입니다.

「리더스 다이제스트」는 '자녀의 리더십을 키우는 7가지 방법'을 소개하면서 공부는 잘하나 소심하고 자신감이 없는 아이를 둔 부모들에게 희망을 안겨줄 것이라고 했습니다.

첫째, 부추겨 줘라.
사소한 일이라도 칭찬해주고 격려해주어야 합니다. '너는 할 수 있다'고 부추겨 주어야 용기와 의욕이 솟아납니다.

둘째, 추구하도록 내버려 둬라.
아이들은 뭔가를 진지하게 추구하고 도전하는 사람을 동경하고 따르게 됩니다. 또 무엇이건 하고 싶어하고 해보려고 합니다. 위험하다고 말리지만 말고 해보도록 내버려 두면, 거기서 많은 경험과 교훈을 얻게 됩니다. 그것은 곧 성공의 밑천이 됩니다.

셋째, 성공만 생각한다.

실패할까 봐 걱정하는 것은 아무런 도움이 되지 않습니다. 성공할 수 있다는 신념을 가지고 전력을 다하는 것이 최선입니다.

넷째, 아이의 꿈을 들어줘라.

여자아이가 장래 투우사가 되겠다는 등 다소 엉뚱한 생각을 하고 있다 해도 비난하지 말아야 합니다. 무엇이든 꿈꾸는 능력과 어떻게 하면 그 꿈을 실현할 수 있는지를 생각하게 하는 것이 중요합니다.

다섯째, 어떻게 문제를 풀지 생각하게 한다.

어려운 문제에 부딪혔을 때, '안 된다'고 말하기보다는 가능성을 생각하도록 합니다. 가능성을 생각하는 것은 지도자의 뚜렷한 특징입니다.

여섯째, 기회를 줘라.

각종 클럽이나 운동팀에서 활동하게 하는 것이 좋습니다. 그 클럽이나 운동팀의 주장은 리더십을 발휘할 수 있는 기회를 갖게 됩니다. 리더십을 발휘할 수 있는 기회를 줘야 합니다.

일곱째, 주위를 즐겁게 하는 사람이 되도록 한다.

자신의 그룹뿐만 아니라 주변 사람들을 기쁘게 하는 아이는 지도자로 부상할 잠재력이 큽니다. 이를 위해 여러 사람 앞에서 말하는 실제적인 방법을 미리 연습시키고 지도합니다.

  이 밖에 세상 일의 규칙을 존중하고, 어려운 일이 닥치더라도 좌절하지 않고 극복할 수 있는 힘을 길러주고, 또 하는 일을 책임있게 수행하도록 지도해야 합니다.

  이상의 방법보다 더 중요한 것은, 자녀에 대하여 깊은 관심과 격려가 있어야 한다는 것입니다. 부모가 자녀에게 쏟는 사랑과 관심은 리더십의 근원인 강한 마음과 자신감으로 되돌아옵니다.

13) 스승 존경은 교육을 위한 관심이요 배려이다
_스승을 존경해야 하는 이유

이스라엘의 스승 존경의 풍토

이스라엘의 초등학교에서는 소풍날 같은 야외학습을 할 때는 학부모가 선생님의 보조역할을 하게 되어 있어서, 어느 가정에서나 부부동반으로 참가하게 된다고 합니다.

마침 이스라엘 정부의 초청으로 와 있었던 한국인 교수 부부도 참가하게 되었는데, 그날은 같은 대학에 나가 잘 알고 있는 생물학 교수와 동행하게 되어 두 가족은 자연스럽게 어울리게 되었습니다.

그런데 길을 걷던 딸아이가 이상한 꽃을 발견했는지 아빠의 손을 끌고 가서는 그걸 가리키며 물었습니다.

"아빠, 이 꽃 이름이 뭐지요?"

"글쎄다. 잘 모르겠는걸. 그래 선생님은 아실 테니까 물어보고 오렴."

아이는 꽃 한 송이를 꺾어 들고 선생님을 찾아 뛰어갔습니다. 그것은 수선화였습니다. 한국인 교수는 생물학 교수가 그 꽃 이름을 모른다는 것이 이해가 되지 않아서 그에게 슬쩍 물어봤습니다.

"정말 모르십니까?"

"모르긴요."

"그런데 아이한테는 왜 모른다고 그런 겁니까?"

"다 그럴 만한 이유가 있지요."

그때 마침 선생님한테 달려갔던 아이가 뾰로통한 채 힘없이 걸어와서는 자기 아빠에게 말했습니다.

"아빠, 선생님도 잘 모르신다는데요."

"그래, 오늘은 소풍날이라 정신이 없어서 그러신가보다. 내일 다시 여쭈어보도록 해라."

"피, 아빠는. 지금 모르시는 걸 내일이라고 알 수 있나요?"

"그럼. 너도 알고 있는 것을 곧잘 잊어버리고 그러잖니?"

아이는 그래도 못 미덥다는 듯 고개를 갸우뚱거리며 꽃을 빈 도시락에 담았습니다.

그 광경을 지켜보고 있었던 한국인 교수는, 그 교수의 계속되는 눈치 때문에 가만 있다가 아이들이 흩어지자 그 얘기를 꺼냈습니다.

"도대체 그 이유가 무엇인지 한번 들어봅시다."

"아이는 내일 아침이면 선생님으로부터 그 꽃 이름을 알게 될 겁니다. 그러면 아이는 어떻게 생각하겠습니까? 아빠도 모르는 것을 선생님은 알고 계시구나, 역시 우리 선생님이 최고야, 이럴 게 아니겠어요? 그러면 아이는 자연히 선생님을 존경하고 신뢰하게 되는 거지요."

"만약 선생님이 내일도 모른다면 어찌 하시겠습니까?"

"다 방법이 있지요."

후에 들은 이야기지만 그 생물학 교수는 아이가 학교에 가기 전에 미리 선생님에게 어제 아이가 물어보았던 꽃 이름과 꽃의 특징 등을 자세히 설명한 편지를 전해드렸다는 것입니다.

스승 존경은 교육을 위한 관심이요 배려이다

이 이야기에서 우리는 이스라엘 국민의 스승 존경의 풍토를 부러운 눈으로 바라보게 됩니다. 그들의 선생님에 대한 존경과 배려는 지극합니다. 그러나 곰곰이 생각해보면 선생님만을 위한 것이 아니라는 사실을 알 수 있습니다. 모두가 교육을 위한 배려인 것입니다.

스승의 권위가 인정될 때 진정한 의미의 교육이 이루어집니다. 배우는 자는 가르치는 자에게서 일종의 권위를 느끼기 때문에 배울 수 있습니다. 가르치는 선생이 배우는 학생에 대하여 아무런 권위를 갖지 못한다면 교육은 불가능합니다. 교육은 권위의 터전 위에서 이루어지는 것입니다. 스승을 존경해야 하는 이유가 바로 여기에 있습니다.

스승의 권위는 자신의 지식과 언행에도 달려 있지만, 동시에 사회에서 어느 정도 권위를 인정해 주느냐에 따라서 크게 달라집니다.

아무리 권위 있는 선생님이라 하더라도 학생 앞에서 그 선생님의 험담을 늘어놓거나 경멸하는 태도를 보이면 권위 있는 선생님이 될 수가 없는 것입니다.

따지고 보면 스승 존경은 단순히 선생님을 위한 것만이 아닙니다. 내 자식을 바르게 키우기 위해 그렇게 해야 하는 것입니다. 모두가 교육을 위한 관심이요 배려인 것입니다.

어쩌다 자녀가 보는 앞에서 학교 선생님을 경멸하는 말이나 행동을 한 일은 없는지, 부모로서의 책임은 다하지 못하면서 자녀의 잘못을 학교 선생님 탓으로 돌리고 있지는 않는지 반성해볼 일입니다. 적어도 아이들에게는 하늘처럼 보이는 스승의 존재가 되어 있을 때 교육은 제구실을 할 수 있는 것입니다.

무장해제를 당한 군인에게 국방을 기대할 수 없는 것처럼, 권위를 잃어버린 스승에게 교육을 기대한다는 것은 무의미한 것입니다. 이것은 아무도 바라지 않는 일입니다. 그렇기 때문에 스승에게서는 장점만 보고 아름다운 모습만 보도록 노력해야 합니다. 그것이 교육을 위한 것이고 자녀교육에 도움이 되는 길입니다.

2. 사회성 지도 방법

1) 좋은 대화는 성숙한 인간을 만든다

_효과적인 대화의 방법

성공적인 대화 한 토막

학교에서 돌아온 영수는 아직도 화가 가라앉지 않은 듯 씩씩거리며 방에 들어서자마자 책가방을 집어던지듯 내려놓고는 부엌에서 일하는 엄마를 향해 푸념하기 시작했습니다.

"엄마, 나 기분 나빠서 학교에 못 다니겠어! 다른 애들도 떠들었는데 선생님은 나만 꾸중하잖아. 나 학교 그만둘 테야!"

"아니, 네가 기분이 몹시 상했구나. 선생님이 너만 꾸중하셨다구?"

"그랬단 말이야. 창수도 철수도 떠들었는데 선생님이 나만 불러다가 야단치잖아!"

"그래, 너만 불러 야단 맞았으니 얼마나 기분이 상했겠니?"
"글쎄 말이야. 애들 보는 앞에서 호통을 치면서 야단치잖아."
"친구들 앞에서 부끄러워 얼굴을 들 수 없었겠구나."
"정말 창피해서 혼났어. 정말 선생님이 날 미워하나 봐."
"선생님이 널 미워해서 야단친 것 같다구?"
"(머리를 긁적거리며) 날 특별히 미워할 이유도 없는 것 같은데. (잠시 생각하다가) 엄마, 내가 떠들긴 많이 떠들었어."
"생각해보니 네가 적지 않게 떠든 모양이구나."
"(히죽 웃으면서) 엄마, 나 나가서 놀게요."

좋은 대화는 자녀의 성장에 꼭 필요한 영양소와 같다

앞의 대화는 몹시 감정이 상해서 마구 푸념을 늘어놓고 있는 아들의 말을 어머니가 있는 그대로 받아들여, 아들의 감정을 되풀이하여 들려주거나 감정을 명료하게 반사시켜 줌으로써, 어머니가 아들의 말을 듣고 비난이나 꾸중도 하지 않고, 그렇다고 충고도 훈계도 하지 않으면서도 선생님을 미워하던 마음과 몹시 화가 나 있던 아들의 감정을 풀어주고 정서적인 안정을 회복하게 한 성공적인 대화의 한 토막입니다.

자녀들은 부모와의 이 같은 좋은 대화를 통해서 성숙한 인간으로 자랍니다. 부모와의 좋은 대화는 자녀의 성장에 있어 꼭 필요한 영양소와 같은 것입니다.

실제로 부모와의 좋은 대화는 자녀들에게 많은 지식과 지혜를 주고 바른 가치관을 심어주며 자율성을 길러주는 역할을 합니다.

상담할 때 지켜야 할 원칙

상담의 목적은 자녀로 하여금 자기 자신과 자신의 문제를 이해하고 그것을 해결할 수 있도록 도와주는 데 있습니다. 그러므로 상담에 임하는 부모는 무엇보다도 자녀를 적극적으로 이해하려는 마음자세에서부터 출발해야 합니다.

❶ 자녀가 스스로 고민을 털어놓을 수 있는 분위기를 만들어 친근감을 가지고 이야기할 수 있도록 합니다.

❷ 자녀의 진술을 액면 그대로 받아들이고, 의견이 다르다고 언쟁을 벌이거나 다투어서는 안 됩니다.

❸ 자녀에게 무엇이 잘못되었다고 말해주기보다는 자녀 스스로가 무엇이 잘못되었는가를 깨닫도록 도와주는 것입니다.

❹ 고민하는 문제를 자녀의 입장에서 보고 그 해결책을 모색하여야 합니다.

❺ 어떤 말을 들어도 부드럽게 대하고 끝까지 자녀의 말을 경청하여야 합니다.

❻ 자녀와 대화할 때는 진실을 바탕으로 서로 솔직한 이야기를 나눌 수 있어야 합니다.

❼ 고민하는 문제를 다각도로 풀어갈 수 있는 방법을 제시하고 함께 상의하면서 자녀 스스로 해결방안을 찾아내도록 이끌어 줍니다.

효과적인 대화의 기법

효과적인 대화를 이끌기 위해서는 앞에서 설명한 상담할 때 지켜야 할 원칙 외에, 자녀들과 좋은 관계를 만들기 위한 효과적인 대화의 기법과 요령을 익혀야 합니다. 대화를 효과적으로 유지하기 위한 기법과 요령 중에서 중요한 내용을 간추려 제시해봅니다.

첫째, 자녀의 말을 관심을 가지고 경청해야 합니다.
대화에 있어서 가장 기본이 되면서도 중요한 것은 경청입니다. 자녀와의 대화는 부모가 아이들의 이야기를 들어주는 것에서부터 시작됩니다. 자녀들이 말을 걸어올 때는 그 말에 깊은 관심과 흥미를 보이면서 끝까지 들어주어야 합니다.

그런데 자녀의 말에 무관심하거나 딴소리를 하거나 말을 무시해버리면 자녀는 말을 중단할 수밖에 없습니다. 자기의 말을 들어주지 않고 무시해 버리는 부모와는 대화가 이루어질 수 없을 것이며, 대화의 단절은 부모와 자녀 간의 정서적 유대를 단절하게 되는 것입니다.

둘째, 자녀의 말에 적절한 반응을 보여주어야 합니다.

자녀의 이야기를 들을 때 부모가 기본적으로 지켜야 할 태도는 물론 진지하게 경청하는 자세이지만, 그것 못지않게 중요한 것은 자녀의 이야기에 '으응', '그래', '그래서', '그랬구나' 하는 식으로 동조하는 반응을 적절하게 보여주는 것입니다. 이것은 이해한다는 뜻을 표시하는 것으로 대화를 이끌어가는 데 효과적인 방법이 됩니다.

셋째, 불쾌감을 주거나 심문하는 것과 같은 질문을 하지 않습니다.
대화에서 질문은 필요하지만 질문을 너무 많이 하는 것은 대화에 방해가 됩니다. 그리고 자녀에게 불쾌감을 주거나 따지듯 캐묻는 질문은 피하는 것이 좋습니다.

이 같은 불쾌감을 주는 질문은 자녀가 방어적인 태도를 취하도록 만들기 쉽습니다. 자녀로 하여금 이유를 적당히 둘러대거나 변명을 하는 등 자신의 마음을 솔직히 표현하기보다는 오히려 자기를 보호하기 위한 대답을 하게 만듭니다.

넷째, 피부접촉을 통한 대화는 언어대화보다 효과적입니다.
대화를 하면서 자녀를 안아주고 머리나 등을 쓰다듬어 주거나 손목을 꼬옥 잡아주는 접촉의 대화는, 말로는 도저히 표현할 수 없는 무언의 대화입니다. 이 같은 접촉을 통한 마음의 대화는 부모와 자녀 사이의 갈등이나 단절의 벽을 허무는 데 좋은 방법이 됩니다.

2) 한 편의 쪽지 편지가 상대방의 마음을 움직인다
_서신을 통한 지도 방법

주고받는 사랑의 메시지

사랑하는 용태야!

요즘 네가 다시 공부에 몰두하고 있는 변화된 모습을 지켜보면서 엄마는 네가 얼마나 의지가 강한 아들인지 다시 한번 깨닫게 되는구나. 그 어려운 고비도 잘 넘기고, 정말 고맙다.

엄마는 장차 슈바이처처럼 살겠다는 너의 꿈이 꼭 이루어질 것이라고 믿어. 너는 매사에 긍정적이고 진취적이니까 꼭 해내고 말 거야. 엄마는 네가 하얀 가운을 입고 어려운 사람들을 진료하고 있는 장래의 너의 모습을 그리며 희망으로 가득 차 있단다.

부디 초심을 잃지 말고. 우리 용태 화이팅!

엄마가.

이렇게 격려의 메모를 책상 위에 올려 놓은 다음날 아침, 싱크대 앞 유리창에 아들의 회답이 붙어 있었습니다.

엄마의 편지를 읽고 엄마가 부족한 저를 여전히 신뢰하고 있음을 알고 너무 기뻤어요. 전 엄마가 실망할까 봐 너무 죄송한 마음이 었는데 믿어주셔서 감사합니다.
열심히 노력할게요. 엄마 고맙습니다. 그리고 사랑합니다.

용태 올림.

서신 교육은 효과적인 대화방법이 될 수 있다

자녀교육은 무엇보다도 부모와 자녀 간의 대화에서 시작됩니다.
그런데 우리는 오랫동안 대화 부재의 문화에서 살다보니 부모 자식 간에도 아이들에게 지시와 통제가 있을 뿐, 아이들의 말을 들어주는 부모는 드문 것이 현실이니 걱정이 아닐 수 없습니다.
최근 한국교육과정평가원에서 '학업성취도에 미치는 요인'을 분석한 결과, 부모와 학교공부, 진학 등에 대해 대화를 많이 나눈 학생일수록 성적이 좋았다고 발표했습니다.

이처럼 자녀교육에 있어 부모 자식 간의 대화는 매우 중요한 필수적 요건이 되어 있지만, 대화 부재가 현실이고 보니 대화 없는 자녀교육이 제대로 될 리가 없습니다.

거기에다가 맞벌이 부부가 늘어나면서 바쁜 부모들도 문제지만, 아이들도 치열한 입시경쟁 때문에 과외공부에 매달리게 되니, 바쁘기는 마찬가지여서 부모와 자식 간에 다정하게 대화를 나누기가 어렵게 되어가고 있습니다.

그런데 얼마 전 '자녀교육에 성공하려면 100통의 편지를 써라'는 자녀경영연구소장 최요찬 박사의 신문 컬럼을 읽고 이런 상황에서 대안이 될 만한 대화방법이 될 수 있겠다는 생각이 들었습니다. 그것은 편지를 통한 '서신 교육 방법'으로 가족 간의 대화의 장벽을 허무는 하나의 해법으로 제시한 것입니다.

사실 말로 주고 받는 대화만이 전부는 아닙니다. 때로는 편지를 통한 자녀와의 대화는 말로 하는 그 어떤 대화보다도 상대방의 마음에 더 깊이 전달될 수 있어서 오히려 효과적인 대화방법이 될 수 있습니다.

서신 교육은 어떤 교육적 효과가 있을까?

편지는 얼굴을 보며 이야기할 때보다 감정을 순화시켜 전달할 수 있기 때문에, 직접대화보다 교육적인 효과가 훨씬 큽니다.

화가 날 때 얼굴을 마주보고 말하면 감정이 그대로 전달될 수 있어 오히려 피차간에 감정을 상하게 만들어 자칫 부모 자식 간의 관계마저 손상시킬 우려가 있습니다. 하지만 편지를 이용할 경우 감정을 순화시킬 수 있고 또 자신의 생각을 한번 더 정리할 수 있기 때문에 직설적인 말로 표현하는 것보다 부드럽게 또 하고 싶은 말을 정확하게 전달할 수 있습니다.

지금 당장 자녀에게 편지를 써보세요. 한 통의 편지가 부모와 자식 간에 막혔던 대화를 이어주는 역할을 해줄 것입니다. 바빠서 말할 시간이 없다고 하지 말고 점심시간에 도시락을 먹으면서라도 읽을 수 있도록 쪽지에 써서 아이의 마음을 두드려 보면 어떨까요? 조그만 예쁜 쪽지에 적어서 자녀의 침대나 전기 스탠드에 붙여 놓을 수도 있고, 또 우편으로 부칠 수도 있습니다. 나무라거나 꾸짖지 말고 칭찬하고 격려하는 사랑의 메시지를 전해 보세요.

매일 마주 대하는 남편에게서 난데없이 몇 줄 안 되는 메시지를 받았을 때 감동스러웠던 것처럼, 우리 아이들도 부모의 따스한 마음을 가슴으로 느낀다면 자녀교육은 이미 절반의 성공을 거둔 것이나 다름이 없습니다.

3) 책임지는 일을 경험해야 책임감을 키울 수 있다
_책임감을 길러주는 방법

어느 미국인의 철저한 현장 지도

어느 교포 가정에 이웃집 미국인이 어린 여자아이를 데리고 와서 즐겁게 이야기를 나누고 있었습니다. 그사이 여자아이는 커피잔을 들고 돌아다니다가 그만 실수해서 커피잔을 바닥에 떨어뜨리는 바람에 커피잔이 깨져버리고 말았습니다.

그러자 그 아이의 엄마는 재빠르게 손수건으로 바닥에 쏟아진 커피를 닦고나서 딸에게 엄하게 말했습니다.

"조심했어야지. 아줌마한테 가서 쟁반을 좀 달라고 해서 가져오너라. 그리고 네가 깨뜨린 커피잔을 깨끗이 치우거라. 그리고 아줌마에게 가서

'잔을 깨뜨려서 죄송합니다' 하고 사과하는 거야. 알겠지?" 하고 지시하고는 계속 환담을 나누었지만, 집으로 돌아갈 때까지 이 엄마는 아이를 대신하여 '미안합니다' 라는 사과의 말은 한마디도 안 하는 것이었습니다.

이 같은 미국인의 처신에 대해서 한국인으로서는 이해하기가 쉽지 않았습니다. 하지만 미국 사람들은 이처럼 남의 집이라고 해도 망설임 없이 현장에서 아이들을 철저히 지도하는 것을 보고 많은 것을 생각하게 되었습니다.

이런 경우 우리나라 사람들이라면 어떻게 했을까요? 아마도 아이한테는 아무것도 시키지 않고 엄마가 대신 그 자리를 얼른 치워버리는 것은 물론이고 '이거 정말 미안합니다' 하고 사과했을 것이 틀림없습니다.

이런 경우 어느 쪽의 행동이 옳았는지 또 어느 쪽이 책임감을 키워주는 데 도움을 주는 행동이었는지 생각해볼 일입니다.

책임질 수 있는 경험을 해야 책임감이 생긴다

아이로 하여금 책임감을 갖게 하려면 어떤 경우든 자녀가 저지른 일에 대해서는 자녀 스스로가 책임을 질 수 있도록 해주지 않으면 안 됩니다.

그런데도 자녀가 문제를 일으켰을 때 우리나라의 부모들은 예외없이 '자식을 잘못 가르친 부모의 책임'이라며, 자녀 대신 부모가 사과하는 것을 종종 볼 수 있습니다. 이것은 아이에게는 아직 책임수행 능력이 없으니까 부모가 책임을 지는 것은 당연하다는 생각이 우리 부모들 마음속에 뿌

리 깊게 자리잡고 있기 때문입니다. 부모의 이러한 생각이 이어지게 되면 아이가 책임수행 능력이 있는 성인이 되고 나서도 부모가 자식의 잘못을 사과해야 하는 결과를 가져올 뿐만 아니라, 모든 것을 부모에게 의존하는 아이로 자라게 될 수 있습니다.

어느 저명한 문학가는 어린 시절, 무척 말썽을 일으켜 어떻게 해볼 수도 없는 불량소년이었습니다. 그런 그가 마음을 바로잡고 비행의 구렁텅이에서 빠져나올 수 있게 된 데는 특별한 계기가 있었다고 합니다.

어느 날, 자신의 비행으로 인해 아버지가 경찰서에 불려간 적이 있었는데, 그때 아버지는 담당경찰관에게 이렇게 말했다고 합니다.

"내 자식이 한 일이니까 아들에게 그에 상응한 책임을 지도록 해주세요."

자기로서는 아버지가 '내가 책임을 질 테니 선처해 달라'고 사정할 줄 알았는데, '아이의 책임을 아이 자신에게 지워야 한다'는 단호한 아버지의 태도에 더는 기댈 곳이 없게 되자 비행으로부터 손을 떼기로 결심하게 되었다는 것입니다.

이 점에 있어서 아이가 사회적으로 실수를 저질렀을 때, 이 같은 조치는 아이의 책임감을 키워나가는 데 있어서 매우 좋은 기회가 될 수도 있습니다. 아이가 경찰서에서 혼났던 경험을 통해서 다시는 잘못을 않겠다는 결심을 하게 되기 때문입니다. 이렇듯 아이의 실수는 아이 스스로 책임을 지도록 하는 것이 책임감을 키우는 방법이 됩니다.

스스로 선택하고 책임지는 기회를 만들어 주라

아이들에게 책임감을 길러주기 위해서는 평소 아이의 생각과 의견을 자주 물어서 스스로 선택하고 책임지는 기회를 만들어 주어야 합니다.

아이들에게는 그 성숙의 정도에 맞는 수준에서, 혼자 책임지고 해낼 수 있는 일을 맡겨 자신감을 갖게 할 수 있는 경험을 만들어 주어야 합니다.

예를 들어 시내버스 노선을 가르쳐 주면서 심부름을 시키거나, 혼자 상점에 가서 몇 가지 물건을 사오게 하여 책임있게 일을 처리하는 경험을 갖게 하는 것도 그 방법 중 하나입니다. 그리고 일상생활에서 사소하게 선택해야 하는 상황마다 아이에게 '네 생각은 어떠니?', '너는 어떻게 하는 것이 좋다고 생각하니?' 하며 질문을 함으로써 아이에게 생각하고 선택해서 결정하도록 기회를 주게 되면 자연스럽게 책임감을 느끼게 됩니다.

아이들은 가정에서 부모와의 관계에서 경험하는 것을 모방하면서 책임감을 배웁니다. 그렇기 때문에 책임감을 가르치는 데 있어 책임감 있는 부모가 되는 것보다 더 좋은 가르침은 없습니다.

4) 용돈은 돈의 가치를 배우는 좋은 계기이다

_용돈 관리 방법

용돈 주며 돈의 소중함을 깨닫게 한다

미국 로스엔젤레스에 사는 교포 제임스 킴은 올해 열두 살된 아들에게 돈의 소중함과 노동의 의미를 용돈을 통해 가르치기로 했습니다. 아들에게 일정한 액수의 용돈을 주는 한편, 집안일을 거들 때마다 추가로 돈을 주기로 약속했습니다. 또 아들이 은행에 저금하는 액수의 20% 만큼 저축장려금을 가산해주기로 했습니다.

매주 일정금액을 지급하는 용돈은 아들이 평소 꼭 써야 하는 지출항목과 금액을 참작해 정하고, 그 밖에 물건을 사거나, 하고 싶은 일에 필요한 돈은 아르바이트를 통해 조달해야 한다는 원칙도 합의했습니다.

그랬더니 아무리 잔소리를 해도 하지 않던 아들이 스스로 집안일을 거들게 되었습니다. 아들이 화장실 청소도 하고 화분의 꽃이 시들지 않게 때맞춰 물을 주고 또 필요한 물건을 사기 위해 열심히 일하고 푼돈을 아껴 저축하는 모습을 지켜보면서 노동의 의미와 책임감을 느끼게 하고 돈의 소중함을 알게 하였다는 점에서는 일단 성공을 거둔 것 같았지만, 한편으로는 혹시나 아들이 모든 것을 대가성으로만 판단하는 것은 아닐까 하는 걱정스런 마음도 없지 않았습니다.

용돈을 통한 경제교육, 어떻게 해야 할까?

앞의 사례에서 보는 바와 같이 미국을 비롯한 선진국가에서는 일찍부터 아이들에게 부모로부터 독립하는 법을 가르치기 위해 용돈을 통한 금융교육을 실시하고 있습니다. 경제금융교육 전문가들은 10대 초반을 돈의 개념과 가치를 교육시킬 수 있는 가장 이상적인 연령대로 보고, 아직 용돈을 주고 있지 않다면 지금이 시작할 수 있는 좋은 시기라고 말하고 있습니다.

수잔 셸리 박사는 『10대를 위한 돈』이라는 저서에서 용돈을 주면서 교육적 효과를 높이고 싶다면, 용돈을 줄 때는 특별한 조건을 제시하는 게 좋다고 말합니다.

아이들에게 조건없이 많은 돈을 준다면 환상만 심어줄 우려가 있으므로, 부모는 아이들에게 돈 버는 것이 얼마나 힘든지 이해시킬 필요가 있다는 지적입니다.

그런가 하면 『아이를 지혜롭게 꾸짖는 74가지 방법』의 저자인 다코 아키라는 '용돈이란 본래 그 사용처를 아이에게 내맡긴 것이므로, 아이에게 자기의 의사대로 사용할 수 있게 하면 아이의 자주성을 키우는 하나의 좋은 기회가 되지만, 그것을 간섭하면 기회를 살리기는커녕 엄마의 생각대로만 움직이는 주체성 없는 아이가 될 수도 있다고 말합니다. 그렇다고 무조건 아이에게 내맡긴다는 것은 아니고, 어떻게 써야 효과적인지 그 판단기준 정도는 정하고 나서 맡겨야 한다'고 덧붙입니다.

어쨌든 용돈을 자율적으로 자신의 결정에 따라 사용할 수 있게 하면, 아이들은 독자적인 생각을 하게 되고, 중요한 결정을 스스로 내릴 수 있는 훈련을 쌓게 됩니다. 가령 몇 달 동안 군것질 같은 절약할 수 있는 것들을 잘 견뎌내면, 나중에 그 돈으로 컴퓨터 게임기 등 좋아하는 것들을 살 수 있다는 사실을 아이들은 금방 깨닫게 됩니다. 이를 통해 낭비하지 않고 저축하는 값진 경험으로 돈의 가치를 배우게 되는 것입니다.

용돈 줄 때 제시하는 조건

미국 경제금융전문가들이 제시하는 용돈 사용원칙을 소개하니 참고하여 각자 나름의 사용원칙을 만들어 봅시다.

❶ **용돈을 어떻게 사용할지 큰 기준을 정해줘라.** 정기적으로 지급되는 용돈 가운데서 60%는 자기의 의사대로 자유로이 사용해도 좋으나, 30%는 반드시 저축하고, 10%는 불우이웃돕기나 자선단체에 기부해야 한

다는 원칙을 제시해줍니다.

❷ **용돈으로 해결해야 할 일들을 명확히 하라.** 장난감, 학용품 등 아이들에게 필요한 물건 중 일부는 반드시 용돈으로 해결해야 한다는 것을 알려주어야 합니다.

❸ **부모가 용돈에 대한 제어능력을 가져라.** 부모는 아이들이 살 수 있는 물건에 대해 허락하거나 거부할 수 있어야 합니다. 아이들이 구입해서는 안 되는 용돈 사용금지 품목을 정해주어야 합니다.

❹ **아이들이 용돈 범위를 벗어나 지출할 때 절대 허락하지 말라.** 예를 들어 새 게임기를 사느라 일주일분의 용돈을 월요일에 다 써버려 나머지 6일 동안 용돈이 필요한 일이 생긴다면 무시해버립니다. 용돈을 계획없이 다 써버리면 그만큼 고통이 따른다는 것을 이해시켜야 합니다.

❺ **추가로 용돈을 받을 수 있는 기회를 제공하라.** 평소보다 집안일을 많이 돕는 방식으로 용돈을 더 받을 수 있는 기회는 항상 열어두어야 합니다.

5) 과잉보호는 나약한 아이를 만든다
_과잉보호를 극복하는 방법

'임강의 사슴' 이야기가 주는 교훈

임강에 사는 농부가 어느 날 사냥을 갔다가 새끼 사슴 한 마리를 잡아 집에서 기르기로 했습니다.

주인은 집에서 기르는 개들을 때리고 꾸짖고 쫓고 하면서도 사슴 새끼만은 안고 끼고 애지중지 길렀습니다. 마침내 개들도 주인의 눈치를 보며 사슴 새끼에게 비굴하게 굽히고 엉켜 놀 때는 일부러 지는 척하고 나뒹굴어주곤 하였습니다. 그러자 사슴 새끼는 자기가 세상에서 제일인 줄 알고 유아독존이 되었습니다.

이렇게 집안에서만 자란 사슴이 3년쯤 지났을 때 집 밖으로 나가게 되었습니다. 길가에서 놀고 있던 많은 개들이 왕왕거리며 사슴에게 달려들었습니다. 사슴은 집안에서 하듯 그것들과 어울려 놀려고 했으나 개들은 별꼴 다 보겠다는 듯 달려들어 물어뜯기 시작했습니다. 피투성이가 된 사슴 새끼는 숨이 끊어질 때까지 왜 그렇게 죽어야 하는지 이해할 수가 없었습니다.

과잉보호는 문제아를 만들기 십상이다

중국 당나라 학자 유종원이 쓴 '임강의 사슴'이라는 책에 나오는 이야기로 자녀들의 과잉보호의 대가가 바로 '임강의 사슴' 꼴이 되기 쉽다는 것을 비유해서 경고한 글입니다.

비록 옛사람이 쓴 글이지만, 오늘날 우리도 한번쯤 깊이 되새겨 볼 일이라고 생각됩니다.

과잉보호, 그것은 분명히 잘못된 양육방법입니다. 그런데도 요즘의 많은 가정에서는 한두 명의 자녀만 두게 되는 데다가 생활이 넉넉하다보니 자신들이 자랄 때처럼 자녀들은 고생시키지 않겠다는 생각에서 아이들을 끼고 돌며 지나치게 보호하고 사랑하는 나머지 아이들의 욕구를 무조건 충족시켜 주는 경향이 있습니다.

거기에다가 자식의 기를 살리지 않으면 험한 세상을 버티지 못한다는 생각이 지배적이고, 하나같이 아이의 기를 살려야 한다며 야단법석입니다. 별로 대단한 것도 아닌데 과잉칭찬을 일삼는가 하면, 잘못하고 있는 것을 눈으로 보고 있으면서도 '내 아들 기 죽이고 싶지 않다'며 꾸중하기를 망설입니다. 이렇게 아이들이 요구하기만 하면 무엇이든지 들어주는 부모는 자녀를 문제아로 만들기 십상입니다.

그사이 아이들은 버릇이 나빠지고 작은 불편도 참아내지 못하여 짜증내기 일쑤이고, 마땅히 스스로 챙겨야 할 책가방이나 준비물까지도 어머니에게 의존하는 데 익숙해집니다.

이렇듯 떼를 쓰면 요구를 무조건 받아주면서 길렀을 때, 과연 그 아이가 건전하게 자라날 수 있을까 한번 깊이 생각해볼 문제입니다.

과잉보호는 자녀를 파멸시키는 무지의 행위다

과잉보호 상태에서 자녀를 오랫동안 기르게 되면 어떤 결과가 나올까요? 한마디로 말해서 그 아이는 나약하고 자기만 아는 이기적인 아이가 되고 맙니다. 이러한 아이는 결국에는 자립성과 사회공동체의 적응력을 잃게 되어 나약한 낙오자로 인생의 패배자가 되기 쉽습니다.

이러한 과잉보호의 결과는 원천적으로 부모의 그릇된 애정관에 의해서 한 인간을 무능하게 만들고 있는 것입니다.

일본의 교육심리학의 권위자인 스즈키 켄타로 박사는 '과잉보호는 자녀를 사랑하는 것이 아니라, 자녀의 장래를 파멸시키는 잔혹한 무지의 행위'라고 지적했습니다.

자녀와의 적정한 관계 유지가 중요하다

『일본의 교육 엄마 이렇게 키운다』의 저자 홍윤기 교수는 어머니의 과잉보호와 관련하여 참된 모정에 대해서 이렇게 지적하고 있습니다.

'모자 간에 일정한 거리를 두고 서로 절도 있게 그 간격을 유지해야 합니다. 두 줄기 철로가 알맞은 간격으로 떨어져 있음으로써 기차는 레일 위를 안전하게 달릴 수 있는 것입니다. 만약에 철로의 두 줄기 레일이 서로 가까이 좁아지거나 아예 붙어버린다면 달려오던 기차가 탈선하거나 전복할 게 분명합니다'

깊이 음미해 볼 의미있는 지적입니다. 사실 부모와 자녀 사이에 적당한 간격이 없다는 것은 비정상적인 접근이며 이는 머지 않아 파탄을 가져오게 하는 요인이 될 수 있습니다.

부모의 과잉보호는 분명히 자녀의 정신적 균형을 무너뜨리고, 다른 사람들과 정상적으로 사회생활을 하기 어려운 아이를 만든다고 할 수 있습니다.

그러므로 자녀를 건전하게 성장시켜 사회성을 몸에 익히게 하기 위해서는 부모의 사랑과 더불어 그들과의 적정한 관계 유지가 무엇보다 중요하다는 사실을 유념할 필요가 있습니다.

6) 모정적인 밀착보다는 냉엄한 간격을 두는 것이 좋다
_의존심을 극복하는 방법

참된 모정은 어느 쪽일까?

어떤 아이가 뛰어가다 넘어져 무릎에 약간의 상처를 입었습니다. 뒤따라 가던 어머니가 허겁지겁 달려와서는 아이를 껴안아 일으키면서 아이보다 먼저 감정을 토로합니다.

"이걸 어쩌지. 무릎에서 피가 흐르는구나. 안 되겠다. 어서 병원엘 가야겠다."

이렇게 수선을 떠는 어머니를 보자, 지금까지 대단치 않다고 생각하고 있던 어린애가 '으앙' 하고 소리를 지르면서 울기 시작합니다.

똑같은 상황에서 어느 어머니는 그 대처방법이 전혀 다릅니다.

넘어진 아이 옆으로 가서 상황을 파악하고는 이렇게 말합니다.

'어서 일어나 봐. 옷에 묻은 먼지를 털고, 신발을 바로 신어야지' 하고 말하고는 '다른 데는 다친 데가 없지?' 하고 묻습니다. 그리고 돌아서서 넘어진 이유를 살펴보고는 '달리는 것도 좋지만 다음부터는 돌부리를 조심해야겠다' 고 타이르면서 아무 일도 없었던 것처럼 아이를 데리고 집으로 돌아갑니다.

'응석받이'와 '자립심이 강한 아이'는 누가 만드는가?

우리는 이런 경우 아이를 어떻게 다루느냐에 따라서 '응석받이'로 키울 수도 있고 '자립심이 강한 아이'로 키울 수도 있습니다.

성장기에 있는 아이들은 누구나 넘어지면서 뛰는 법을 배우고 그런 과정에서 다치기도 하는 것입니다. 그런데 엄마가 아이들이 다치기라도 할까 봐 철봉이나 뜀틀을 해서는 안 되며 사다리 오르기도 해서는 안 된다고 한다면, 과연 그 아이는 정신적으로나 육체적으로 건전하게 성장할 수 있을까요?

이런 지나친 과보호는, 겨우 자립심이 싹트기 시작하는 아이들의 의기마저 짓밟는 어리석은 일입니다.

아이의 '안전'을 위해 보호가 필요하지만, 그 보호는 최소한에 그쳐야 합니다. 분명히 새로운 일을 체험하는 데는 어느 정도의 위험이 따르기 마련입니다. 그러나 인간은 그 같은 위험을 체험하지 않으면 그것을 피하는 지혜도 생기지 않게 됩니다. 그래서 체험이 필요하고 체험이 있어야 발전하는 것입니다.

가령 갓난아기가 일어서서 걸으려고 하면 처음에는 자주 넘어집니다. 하지만 몇 번이고 넘어지는 체험을 겪으면서 어느 사이에 아이는 균형을 잡아 혼자서 걸을 수 있게 됩니다.

그런데 부모가 넘어질 때마다 자꾸 붙잡아 주면 어떻게 될까요?

아기가 스스로 걸을 수 있게 되기까지는 많은 시간이 걸릴 뿐만 아니라, 붙잡아 주던 습성 때문에 아기가 커서도 넘어지면 혼자서 일어나려고 하지 않고 누군가가 와서 일으켜 주기를 기다리며 훌쩍거리게 될 것입니다. 그렇기 때문에 아이가 어느 정도 위험한 일에 부딪히더라도 그것을 극복하고 자랄 수 있도록 과잉보호는 삼가야 한다는 것입니다.

의존심을 어떻게 극복할 수 있을까?

그럼 의존심을 극복하려면 어떻게 해야 할까요?

무엇보다 중요한 것은 부모가 어릴 때부터 한 발 물러서서 아이 스스로 자기의 일을 책임지고 자기 방식대로 해나가도록 이끌어주어야 한다는 것입니다.

일본의 교육심리학의 권위자인 스즈키 켄타로 박사는, 아이들의 자립심을 키워주기 위해서는 부모와 자녀 사이에 일정한 거리를 두고 서로 절도 있게 그 간격을 유지해야 한다고 말하고 있습니다. 다시 말하면 지나치게 모정적인 밀착보다는 때로는 냉엄한 간격을 두는 것이 자녀교육에 도움이 된다는 것입니다.

　동물의 세계에서는 새끼가 젖을 떼는 이유기가 되면 저마다 자립해서 살아가도록 가르치고는 새끼들을 어미 품에서 떼어놓는다고 합니다.

　참다운 모정이란 아이가 제 힘으로 일어서서 제 능력으로 걷고 뛰도록 적응력을 키워주는 일임을 명심해야 합니다.

　이 세상에 태어난 아이에게는 그 아이만의 세계가 전개되어 있는 것입니다. 그 어떤 부모도 결코 아이를 대신해줄 수 없습니다. 다만 선생님이나 부모는 그 아이가 이 세상의 모든 시련을 체득하면서 굳세게 이겨나가는 과정을 곁에서 지켜보면서 야단칠 때는 따끔하게 야단치고, 잘했을 때는 칭찬해주며, 또 힘들어 할 때는 격려해줄 뿐인 것입니다.

7) 봉사활동은 자기 자신을 위한 것이다

_봉사활동 권장 방법

봉사는 무슨 봉사! 잔말 말고 공부나 해!

성현이가 친구들과 함께 교외에 있는 양로원에 가려고 나서자 어머니가 가로막고 나섭니다.

"어딜 가려고 나가는 거냐? 공부도 하지 않고."

"양로원에 가서 봉사활동을 하려고요."

"봉사는 무슨 봉사야. 잔말 말고 들어가서 공부나 해."

"봉사활동을 안 하면 성적이 나빠지는데……"

"그런 건 엄마가 알아서 할 테니까, 어서 공부나 해!"

그러면서 어머니는 이곳저곳에 전화를 걸기 시작합니다.

"경희니? 난데 글쎄, 이게 무슨 일이라니? 가뜩이나 아이 성적이 안 올라 죽겠는데, 무슨 봉사활동을 다 시키라고 그러는 거니? 그래서 그러는데, 너 예전에 양로원에 가서 자원봉사한 적 있지? 거기에서 도장 하나만 찍어다 주지 않겠니? …… 그래, 내가 오죽하면 그런 부탁을 다 하겠니. 고맙다야. 한번 놀러와. 그래."

그리하여 아이는 하지도 않은 봉사활동 확인서를 제출하고 평가를 받을 것입니다.

봉사활동은 왜 해야 하는가?

앞의 사례는 봉사활동에 나타난 부작용의 한 단면이지만, 이에 대한 학부모의 인식이 이 정도라면 참으로 슬픈 일이 아닐 수 없습니다.

새로 개혁된 교육평가제도에는 사회봉사활동이나 문화적 취미활동을 반드시 학생 평가에 반영하게 되어 있습니다. 그것이 목적하는 바는 물론 전인교육을 지향하는 데 있을 것입니다. 아이들이 지나치게 입시교육에만 매달려 인성이 거칠어지고 결과적으로는 심각한 사회적 문제로 제기되고 있다는 비판을 수용한 것으로, 이 같은 평가제도는 선진국에서는 이미 오래 전부터 시행해온 제도입니다.

그러나 목적한 바와는 다르게 그 행태가 이루어지고 있다면, 그것은 나라의 교육을 위해 매우 걱정스러운 일이 아닐 수 없습니다. 앞의 사례가 주는 교훈은 학부모의 양식과 바른 인식이 없으면 아무리 좋은 제도라고 해도 무위로 돌아갈 수밖에 없다는 것입니다.

　무조건 공부만 잘하면 모든 것이 해결된다는 생각으로 자녀를 교육한다면, 그 자녀는 결국 피폐한 인간관계를 유지할 수밖에 없습니다. 자녀를 진정으로 사랑한다면 먼저 바른 인간성을 가진 사람으로 키우는 것이 무엇보다 중요합니다. 진정한 자녀교육의 첫걸음은 바로 남을 위하여 배려하는 마음입니다.

　그럼 봉사활동은 왜 해야 하는가? 그것은 어릴 때부터 남을 위하는 정신을 길러주자는 것입니다. 남을 도와주려는 정신을 가지고 자란 아이들은 착한 심정을 지닌 사람이기 때문에, 사회에 유익한 일을 찾아 일하게 됩니다. 결코 범죄에 빠져들지 않으며 남을 돕지는 못할망정 남에게 고통을 주는 일은 하지 않습니다. 그렇기 때문에 어릴 때부터 남을 도와주는 봉사활동 체험을 권장하고 있는 것입니다. 그것이 인성교육의 핵심이 되기 때문이기도 합니다. 이러한 경험을 축적한 아이들은 풍요롭고 인간미 넘치는 올바른 마음가짐을 소유한 젊은이들로 성장하게 될 것입니다.

　자녀가 다른 사람을 위해 활동할 때 자녀는 그 속에서 새로운 자기의 가치를 발견합니다. 타인에 대한 이해, 타인을 위한 봉사를 통해 자녀는 자기 자신에 대한 신뢰감을 가질 수 있게 됩니다.

　청소년기의 아이들에게 봉사활동을 통해 자기 발전의 체험을 갖도록 적극 권유하는 것은, 올바른 자녀교육에 또 하나의 밑거름을 주는 것과 같은 효과가 있습니다.

8) 부모의 솔선수범보다 더 좋은 자녀교육은 없다

_솔선수범이 주는 효과

아이들은 부모를 본받기 마련이다

　어린 형제가 장난감 하나를 가지고 서로 자기 것이라고 다투기 시작했습니다. 동생에게 물려주었으니 형이 양보하겠지 하고 그냥 내버려두었지만, 싸움은 점점 심해졌습니다. 참다못한 어머니가 그렇게 싸우면 둘 다 갖고 놀지 못한다고 야단치고 장난감을 쓰레기통에 버렸습니다.

　어머니는 어느 정도 화가 가라앉자 형제를 불러놓고 서로 사이좋게 갖고 놀도록 타일렀더니 둘은 고개를 끄덕거리며 다시는 안 그러겠다고 다짐했습니다. 어머니는 아이들의 다짐을 믿고 앞으로는 그런 일이 없을 거라고 생각했습니다.

그러나 그게 아니었습니다. 그날 저녁 형이 책을 읽고 있었는데, 동생이 곁에서 자꾸 같은 책을 읽겠다고 우기는 바람에 급기야는 다툼이 벌어졌습니다. 그러다 형이 갑자기 책을 들고 벌떡 일어나더니 그 책을 쓰레기통에 버리는 것이 아니겠습니까?

부모 자신이 올바른 모델이 되어야 한다

이 사례에서 우리는 자녀교육이란 말로 가르치는 것보다 행동으로 가르쳐야 한다는 사실을 깨닫게 됩니다. 어머니가 그렇게 타일렀지만 그것은 어디까지나 이론에 지나지 않습니다. 자녀의 행동을 좌우한 것은 어머니의 행동이었습니다. 장난감을 쓰레기통에 버린 어머니의 행동을 고스란히 본받고 있는 것입니다.

아이들은 이처럼 부모의 행동을 본받기 마련입니다. 자녀는 부모가 말하는 것, 행동하는 것을 자연스럽게 배우고 그것을 자신의 행동규범으로 삼습니다. 어렸을 때부터 부모가 책 읽는 모습을 보면서 자란 아이는 분명 책을 가까이하게 됩니다. 그러나 부모는 일 년에 책 한 권도 읽지 않으면서 아이들에게만 책 읽기를 다그친다면, 그것이 아이들에게 제대로 받아들여질 리가 없습니다.

자녀교육을 제대로 시키기 위해서는 무엇보다도 부모 자신이 올바른 모델로서 자녀에게 본을 보여주어야 합니다.

교육은 신뢰를 바탕으로 이루어집니다. 교사가 아무리 실력이 뛰어나다고 해도 학생들이 신뢰하고 존경하지 않으면 교육이 제대로 받아들여질 리가 없습니다. 가정에서도 마찬가지입니다. 부모가 겉과 속이 다르게 행동하면 아이들은 부모의 가장된 모습을 더 빨리 알아차립니다.

부모의 긍정적인 상은 자녀의 미래의 상이 된다

부모가 자녀의 모든 것을 볼 수 있듯이 자녀 또한 부모의 모든 행동을 거울처럼 보고 있습니다. 부모의 모습은 자녀의 일생을 통해 각인되어 마음에 남게 됩니다. 부모는 곧 자녀의 자긍심에 영향을 미칠 뿐 아니라 행동에도 영향을 미칩니다.

부모가 자녀에게 긍정적인 상을 반영할 때, 자녀의 미래상에 커다란 영향을 미칠 수 있는 것입니다. 결국 부모가 인생의 삶에서 보람과 가치를 찾고 열심히 살아가는 모습을 행동으로 보여주는 것이 최고의 자녀교육입니다.

자녀들이 가장 많이 배우게 되는 대상은 두말할 것 없이 가장 가깝게 있는 부모입니다. 자녀의 가치관 교육과 올바른 행동교육은 부모에게 달려 있다 해도 지나친 말이 아닙니다. 그것도 부모의 타이름이나 잔소리보다는 부모의 행동을 직접 관찰하며 알게 모르게 배우는 것입니다. 부모의 솔선수범보다 더 좋은 자녀교육은 없습니다.

3. 학습 지도 방법

1) 공부 못하게 하는 원인을 찾아내 제거해주라
_자발적으로 공부하게 하는 방법

제발 공부 좀 해라

"제발 공부 좀 해라. 공부!"

옆집 영희는 이번에도 반에서 일 등을 했다는데, 너는 도대체 공부를 하겠다는 거냐 안 하겠다는 거냐 하며 다그치듯 재촉하는 엄마의 성화에 순희는 시큰둥하게 대답합니다.

"알고 있어요. 알고 있다니까요."

"알고 있으면 하면 되잖아."

"지금 하려던 참이에요. 제발 이제 그만 하세요."

"넌 언제나 그렇게 말하지 않았니? 하지만 언제나 그 모양이었어. 도대체 너는 누굴 위해서 공부하는 거니? 다 너를 위하는 거 아냐. 나중에 후회하지 말고 제발 엄마 말 좀 들어!"

"알았어요. 공부하면 될 거 아니에요."

순희는 책상에 앉긴 했으나 연필 굴리기만 계속 하고 있습니다.

'공부하라'는 말만큼 학습의욕을 꺾는 말은 없다

아이들이 부모에게 가장 듣기 싫어하는 말은 '공부 좀 해라'라는 말이라고 합니다. 다그치듯 늘 재촉하는 이 말을 들으면 아이들은 '이제 공부 좀 해야지' 하고 마음 먹었다가도 공부하고 싶은 마음이 싹 사라져버린다는 것입니다.

'잘 하던 짓도 멍석을 깔아놓으면 하지 않는다'는 속담이 있듯이 잘 하던 일도 누가 하라고 하면 하기 싫어지는 게 인간심리인데, 하물며 공부하기 싫어하는 아이에게 '공부하라'는 말은 잔소리로밖에 들리지 않습니다.

그러나 부모들은 그냥 내버려두면 공부하지 않는다는 생각 때문에 강제로라도 시켜야 한다고 생각하지만, 이 같은 강요에 의한 동기부여로는 오히려 아이들의 반감만 일으키게 할 뿐 공부를 싫어하게 하는 역효과만 초래하게 됩니다.

대부분의 어머니들은 이런 방법이 아무런 효과가 없다는 것을 여러 번의 체험으로 잘 알고 있으면서도 습관적으로 말하고 있는 것입니다. 아마도 그래야만 어머니로서의 의무를 다하고 있다고 자위하고 있기 때문인지도 모릅니다.

　아이들은 누가 말하지 않아도 학생이기 때문에 공부를 해야 한다는 걸 누구보다도 잘 알고 있습니다. 다만 공부할 여건이 되어 있지 않기 때문에 공부할 마음이 생기지 않아서 하지 못하고 있을 뿐입니다. 이런 아이의 사정을 부모가 이해하게 된다면 문제는 쉽게 해결될 수 있습니다. 그것은 공부를 하지 못하게 하는 원인을 찾아내 제거해주는 것입니다.

　사실 그 근본적인 원인은 일찍부터 챙겨주지 못한 부모에게 있습니다. 그런데도 부모들은 자발적으로 공부하지 않게 된 근본원인은 생각하지 않고 눈앞에 나타난 상황만으로 아이들을 힐책하고 있는 것입니다.

공부할 주변 여건부터 조성해주라

　아이들이 스스로 공부할 마음이 생기도록 하려면 먼저 학습환경부터 조성해주어야 합니다. 자녀가 조용히 공부할 수 있는 방과 책상 등 기본시설은 갖춰져 있는지, 조명상태는 적당한지, 공부에 방해가 되는 것은 없는지 등등 공부할 주변 여건이 조성되어 있는지부터 살펴보아야 합니다.

　이런 학습환경이 마련되어 있는데도 공부할 생각을 하지 못하고 있다면, 그것은 환경 외적인 문제에서 찾아야 합니다. 환경 외적인 문제로는 고민과 갈등 같은 정서불안으로 인해서 하지 못하는 경우가 있습니다.

　이런 문제들은 단지 주의를 주거나 하지 못하게 하는 것만으로는 치유될 수 없습니다. 그 원인을 찾아내기 위해서는 부모가 열심히 연구를 해야 합니다. 그렇게 해서도 원인을 찾지 못할 경우에는 전문가의 도움을 받아야 합니다.

그러나 무엇보다 중요한 것은 아이와 가까이하여 마음을 움직이는 것입니다. 그렇게 아이와 기탄없는 상담을 통해서 함께 의논하여 해결방안을 강구하는 것이 최고의 방법이며 효과를 얻을 수 있는 길입니다.

말을 물가로 끌고 갈 수는 있습니다. 그러나 말에게 강제로 물을 마시게 할 수는 없습니다. 마찬가지로 아이들을 강제로 공부하게 할 방법은 없습니다.

또 잔소리나 참견은 사태를 더욱 악화시킬 뿐 아무런 도움도 주지 못한다는 것을 알아야 합니다. 문제는 아이 스스로가 공부할 마음이 생기도록 도움을 줄 수 있느냐 없느냐에 달려 있습니다.

2) 질문은 배움을 여는 길이고 침묵은 닫는 길이다
_질문에 대처하는 방법

난장판을 연상케 하는 수업 분위기

이스라엘 초등학교에서의 수업광경은 아수라장을 연상시킵니다.
"선생님, 왜 칠판 글씨는 하얀색으로만 쓰나요?"
"유리창은 왜 반짝거려요?"
"선생님, 그건 왜 그럴까요?"
아이들의 질문이 끊임없이 쏟아집니다.
그렇다고 선생님이 '으응, 그것은 하얀색이 가장 잘 보이고 눈에 피로도 적게 주기 때문이에요', '유리창은 아주 미끄러워서 빛을 잘 반사하기 때문이에요' 하고 즉석에서 대답해주는 경우는 매우 드뭅니다.

선생님은 아이들의 질문에 또 하나의 질문을 만들어 다시 아이들에게 돌려줍니다.

"그럼, 칠판에 빨간색으로 글씨를 쓰면 어떻게 될까요?"

"그럼 선생님의 눈은 왜 반짝거릴까요?"

이렇게 질문과 질문이 거듭되니 교실 안은 난장판처럼 보일 수밖에 없지만, 그렇게 함으로써 아이들은 질문의 핵심에 점점 접근해 갑니다. 그러는 사이에 아이들은 창의력과 사고의 폭을 자연스럽게 넓혀가게 되는 것입니다.

자녀의 질문에 성의있게 대답해야 한다

이스라엘의 수업광경은 우리들에게 많은 것을 깨닫게 해줍니다. 유태인은 아이들이 갖고 있는 호기심을 풀기 위해 하나하나 알아가는 과정을 가장 큰 배움을 주는 것이라고 여깁니다. 그것은 아이들이 모르는 것이 있을 때 아이들 스스로 호기심을 가지고 끝없는 질문을 통해 이를 알아내 해결하는 것에 가장 큰 가치를 두고 있기 때문입니다.

아이들은 본래 무엇이건 배우려는 지적 욕구가 왕성합니다. 그리고 무엇이고 모르는 것을 알게 되고, 새로운 것을 배우게 되면, 마음이 흡족해서 더 열심히 배우게 되는 것입니다. 그래서 어린이들은 많은 질문을 하게 됩니다. 때로는 엉뚱한 질문을 하기도 합니다.

이런 질문에 대답해야 할 부모의 처지가 어려운 것도 사실이지만, 질문공세에 슬기롭게 대처하는 일은 매우 중요한 일입니다.

질문이란 미지의 세계를 탐구하려는 의욕의 표현이기에 그러한 욕구를 꺾지 말아야 합니다. 자녀의 질문을 귀찮아 하거나 무시하거나 회피해 버리면 새로운 것을 알고 싶어하고 배우려는 의욕이 좌절됩니다. 그러므로 아이들의 질문에는 성의있게 대답하도록 힘써야 합니다.

아이의 질문 공세에 어떻게 대처해야 할까?

부모는 자녀들의 질문에 적절하게 대처하는 지혜가 필요합니다. 아이들의 지적 호기심을 충족시키는 데 초점을 맞추어 성의있는 태도로 대답해주는 것이 무엇보다 중요하지만, 몇 가지 유의할 점이 있습니다.

첫째, 아이들의 질문은 어떤 것이든 모두 받아들여야 합니다.
아이들의 지적 욕구가 왕성하기 때문에 다양한 질문을 통해 자신의 지적 호기심을 충족하려고 하기 때문에 질문이 많을 수밖에 없습니다. 이런 아이들의 끊임없는 질문공세를 받다 보면 부모도 지쳐서 일일이 대답하는 것이 귀찮아 아예 질문을 무시하거나 건성으로 대답하기도 합니다.

하지만 이 시기는 한창 성장하는 시기인 만큼 대답을 기피하거나 무성의하게 대답해주면 지적 호기심의 싹을 잘라버리게 되는 결과를 가져오기 때문에, 아무리 피곤하고 고달퍼도 아이들의 질문에는 성실하게 대답해주어야 합니다.

둘째, 아이들의 질문에 모두 정답을 알려 줄 필요는 없습니다.

아이들의 질문에 대답하지 못하면 부모의 위신이 서지 않는다고 생각하여 모든 질문에 정답을 알려 주는 경우가 있습니다. 하지만 그렇게 하게 되면 아이 스스로가 생각하고 공부해서 해답의 실마리를 찾으려는 노력을 하지 않기 때문에, 아이들의 질문에 모두 대답해주는 것보다는 아이 스스로가 답을 찾아내도록 생각하고 공부할 여유를 남겨 두는 것도 좋은 방법입니다.

셋째, 아이들 스스로 답을 찾아내도록 이끌어 주어야 합니다.

아이들의 질문에는 대답하기 어려운 질문도 있고, 알지 못하는 질문도 있습니다. 그럴 때 얼버무리거나 엉뚱하게 대답하지 말고 모르면 모른다고 솔직하게 이야기하고, 아이로 하여금 참고서나 백과사전 등을 찾아보게 하거나 인터넷을 통하여 자기 자신이 해답을 찾아낼 수 있도록 유도하는 것도 아이들의 사고능력을 키우는 비결이 됩니다.

아이들의 질문은 모르는 것을 탐구하는 호기심으로 자신의 무지를 하나씩 벗겨가는 것이지만, 아이들의 침묵은 배움을 거부하는 것이나 다름없습니다. 그래서 질문은 배움을 여는 길이지만, 침묵은 배움을 닫는 길이 됩니다.

3) 스스로 공부하는 것이 최상의 학습방법이다
_자기주도학습 습관을 기르는 방법

자기주도학습만으로도 명문대에 갈 수 있다

전북 무주군에 사는 정 양은 전교생이라야 겨우 140여 명에 3학년은 고작 45명밖에 되지 않는 시골 고등학교에서 공부했지만 당당히 서울대 법대에 입학한 학생입니다. 혼자 공부하기 어려운 부분이 있어도 학교 인근에 다닐 만한 학원이 없었으니 정 양의 공부방법은 말 그대로 스스로 공부해야 하는 '자기주도학습'일 수밖에 없었습니다.

그런 열악한 여건에서 정 양이 할 수 있는 공부는 수업시간에 집중해서 열심히 듣는 것과, 방과 후에 예습·복습을 철저히 하는 것이 전부였습니다. 사실 이 공부방법이야말로 기본이 되는 학습방법인 것을 누구나 다 잘 알고 있으면서도 그대로 실천하기는 어려운 공부방법입니다.

그러나 정 양은 이 방법을 중학교 때부터 하루도 빼먹지 않고 실천했습니다. 정 양은 일일공부계획을 세우는 것으로 하루 일과를 시작했습니다. 정규수업을 마치고 야간자율학습에는 하루 동안 배운 내용을 반드시 복습함으로써 자기의 것으로 소화하려고 애썼습니다.

고등학교에 올라와서는 학교에서 밤 11시까지 복습·예습을 하고 기숙사에 돌아와 새벽 한두 시까지 공부했습니다. 공부하면서 부족한 부분은 방과 후 보충수업과 개별지도를 받아 보충하였으며 EBS 강의도 큰 도움이 되었습니다.

정 양은 '비록 시골학교라 공부하는 여건은 좋지 않지만, 스스로 공부계획을 세워 착실하게 시간활용을 잘하면 사교육을 받지 않아도 좋은 성적을 낼 수 있다'고 말합니다.

이 같은 정양의 성공담은 열악한 환경에서도 굳은 의지만 있다면, '자기주도학습 방법'으로 얼마든지 뜻을 이룰 수 있다는 것을 실증해준 것으로, 우리는 타산지석으로 삼아야 할 것입니다.

자기주도학습이 왜 필요한가?

스스로 공부 잘하는 자녀로 키운다는 것은 모든 부모의 바람일 것입니다. 이 땅의 수많은 부모들은 혼자서도 공부 잘하는 아이로 키우기 위해 무척이나 애쓰고 있지만, 빗나간 교육열 때문에 혼자서도 공부 잘하는 아이로 키우기는커녕, 누군가의 도움을 받지 않으면 공부를 할 수 없는 이른바 티처 보이(Teacher boy)라는 의존형 학생으로 키우고 있는 과오를 범하고 있는 것입니다.

이웃집 공부 잘하는 아이를 보면 마음이 불안하고 조급해져서 부모가 일방적으로 학원에 보내기를 경쟁하듯 하니, 아이들은 몇 개의 학원에 다니느라고 스스로 공부할 기회를 갖지 못한 채 계속 수업만 받고 배운 것을 자기 것으로 소화시키지 못해 '학습 체증'에 걸려 오히려 학습능력이 떨어지는 현상이 벌어지고 있습니다.

공부란 스스로 학습 성취감을 느끼며 공부에 대한 자신감을 가져야 효과적인 학습이 이루어지는 것인데, 이런 수동적인 학습에 의존하다 보면 아이들은 목표의식과 성취동기 없이 주인 없는 공부를 하게 되기 쉽습니다. 이런 티처 보이가 되지 않으려면 초등학교 때부터 자기 주도적인 학습 습관을 몸에 익혀야 합니다.

자기주도학습 습관, 어떻게 이룰 수 있을까?

자기주도학습이란 '학생 스스로 학습을 진행해 나가는 것'으로 학습자가 자기에게 맞는 학습목표를 세우고 이를 달성하기 위해 적합한 학습자료를 선택하여 스스로 학습을 진행하는 것입니다. 자기주도학습 능력은 개인의 평생학습능력의 토대가 된다는 점에서 그 중요성이 큽니다.

전문가들은 평소 올바른 학습습관으로 공부한 아이들만이 할 수 있으며, 자기주도학습이 가능하기까지는 많은 노력이 필요하다고 말합니다.

그럼 어떻게 하면 자기주도학습이 이루어질 수 있을까요?

첫째, 평소 규칙적으로 공부하는 습관을 들이는 것이 필요합니다.

자기주도학습 습관을 효과적으로 정착시키려면 무엇보다도 효율적인 시간관리가 중요합니다. 평소 하루의 일일학습 시간표를 작성하여 공부하도록 계획을 세우고, 그것을 반드시 실천하도록 지도해야 합니다. 이 같은 시간관리는 자기주도학습 방법의 기본이자 출발점입니다. 이와 함께 아이에게 충분한 수면과 적절한 체력관리를 통해 학습의욕을 잃지 않도록 하는 것도 효율적인 공부를 하는 데 도움이 됩니다.

둘째, 매일 정해진 분량의 복습과 예습을 꼭 하도록 합니다.

복습은 학교에서 배운 내용을 잊어버리기 전에 가급적 빨리 요약·정리하게 하고, 예습은 먼저 각 단원의 시작 부분에 나오는 학습목표나 개요를 보고, 무엇을 왜 배우는지 이해한 다음 예상되는 진도까지 읽고 질문거리를 적어둡니다. 그리고 숙제는 당일 반드시 하도록 합니다. 무엇보다 중요한 것은 하루 동안 자기에게 주어진 과제는 어떠한 일이 있어도 반드시 성실하게 해내는 습관을 꼭 길러주어야 합니다.

셋째, 문제해결에 부모가 직접적인 도움을 주어서는 안 됩니다.

아이들의 공부에 직접적인 도움을 주게 되면 의타심을 키워주기 때문에 간접적으로 뒷받침해주는 것으로 만족해야 합니다. 스스로 백과사전이나 인터넷 검색을 통하거나 공부 잘하는 아이에게 물어봐서 하도록 하게 하면 공부는 자기주도로 이루어지게 됩니다.

넷째, 알찬 학습지를 잘 활용하면 좋은 성과를 거둘 수 있습니다.
학습지는 누구나 하는 것이니 별것 아니라고 생각하는 부모가 많지만, 자세히 들여다보면 전문가들에 의해 매우 잘 만들어져 있음을 알 수 있습니다. 내용이 알찬 학습지를 선택하여 잘 활용한다면 학원에 보내지 않는 대신 아이가 직접 일주일 단위로 계획을 세워 공부하는 습관을 기르게 되어 자기 스스로 공부하는 데 크게 도움이 됩니다.

그 밖에 EBS 강의나 인터넷 강의 등을 이용하면 언제든 자기가 원하는 시간에 부족한 영역을 보충할 수 있습니다.

4) 관심 속에서 자란 아이는 엇나가지 않는다
_관심을 갖게 하는 방법

왜 공부하는 것을 포기했는가?

"애가 도대체 어떻게 된 건지 모르겠어요. 중2까지는 전과목이 모두 '수'였던 아이가 지금은 '우'와 '미' 투성이에 '양'까지 받아오고 있어요. 머리는 아주 좋은데 도무지 노력하려 들지 않는 거예요. 분명히 친구 때문에 그렇게 된 것 같아요. 나쁜 아이들과 어울리고 있는 거나 아닌지 모르겠어요."

전에는 아들이 아주 모범적인 학생이었다고 말하는 어머니가 담임선생님을 찾아와 하소연하는 사연이었습니다.

그 학생과 가까이 지냈던 선생님은 어느 날 조용히 그를 불러서 '왜 공부하는 것을 포기했느냐?'고 물었습니다. 우선 본인의 생각을 듣고 싶어서 어머니와의 이야기를 들먹이지 않았습니다.

담임선생님은 학생이 어깨를 으쓱하면서 대답을 피하거나 학교생활이 너무 힘들다거나 무슨 변명이라도 할 줄 알았습니다.

그런데 학생의 뜻밖의 말을 듣고 난 선생님은 깜짝 놀라지 않을 수 없었습니다.

"전 매우 성실한 편이었어요. 아주 어릴 때부터 전과목 '수'를 받았지만, 어느 날 생각해보니 아무도 저에게 관심이 없는 거예요. 제가 한 일에 대해 아무도 관심을 가져주는 사람이 없었고 알아주는 사람도 없었습니다. 그래서 전 그렇게 하지 않기로 마음 먹었어요. 지금은 예전처럼 좋은 성적을 받지 못하지만, 오히려 마음은 편합니다."

자녀 모두에게 고루 관심을 보여주라

아이들이란 자기에게 관심과 애정을 표시해주면, 사랑받고 있다는 느낌과 안정감으로 인해서 자기가 중요하다는 생각을 갖게 되어, 더욱 부모와 좋은 관계를 갖기 위해 애쓰게 될 뿐만 아니라, 신이 나서 더 열심히 일하거나 공부하게 됩니다.

그런데 앞의 이야기를 보면 그 학생은 자기에게 너무나 무관심한 부모에 대한 반발심으로 공부하는 것을 포기한 것입니다. 마땅히 칭찬을 받아야 할 아이가 부모의 관심을 받지 못하게 되면 이렇게 엇나갈 수 있는 것입니다.

　우리는 말썽을 일으키거나 성적이 불량한 아이들에게만 관심을 가질 것이 아니라, 모범적인 아이들에게도 똑같은 관심을 기울일 필요가 있습니다. 때로는 이렇듯 문제가 없이 건강하게 자라는 아이도 부모가 관심을 두지 않는다고 생각되면 그 소외감으로 빗나가는 행동을 하는 것입니다. 심지어 아이들은 나쁜 짓을 해서라도 부모의 관심을 받으려고 할 때가 있습니다.

　이런 아이들의 심리상태를 이해하고 긍정적인 관심을 보여주는 것을 잊지 말아야 합니다. 아이들의 바람직한 행동에 대해서 칭찬해주고 격려해줄 때 아이들은 더욱 적극성을 보일 뿐만 아니라, 학습에 대한 의욕도 한층 강화되는 것입니다.

관심을 갖게 하는 방법은 무엇인가?

　그럼 자녀에게 관심을 갖게 하는 효과적인 방법은 무엇일까요?
　무엇보다 가장 중요한 것은 자녀들의 이야기를 경청해주는 일입니다. 그러나 우리나라 사람들은 오랫동안 대화 부재의 문화에서 살아왔기 때문에, 자녀에 대한 통제는 있어도 아이들의 말을 귀 기울여 들으려 하지는 않았습니다.

　예를 들어 아이가 '우리 반의 친구들이 보기 싫다'고 이야기할 경우 우리 부모들은 대개 자녀의 주장을 일반적으로 비판해서 이렇게 말하기 일

쏘입니다.

"네 자신이 그들과 잘 지내려고 노력하지 않기 때문 아니냐?"

이러한 자세는 부모가 자녀의 이야기를 경청하려는 자세가 아니며, 이런 태도로는 아이의 마음의 문을 열 수가 없습니다.

자녀의 이야기를 경청하기 위해서는 그와 같은 주장을 하고 있는 자녀의 기분과 그 말의 배후에 어떤 문제점이 도사리고 있는지를 이해하려는 노력이 있어야 합니다.

"그래? 지금 반 친구들과 사이가 좋지 않은가 보구나."

이렇게 그의 주장에 공감을 표시한 후, '그거 큰일이구나. 왜 그렇게 싫어졌는지 말해줄 수 있겠니?' 하고 아이에게 다가서면서 자녀가 자기의 속마음을 털어놓을 수 있도록 분위기를 조성해주는 것이 중요합니다.

이렇게 부모가 진심으로 아이들의 이야기를 경청하게 되면 자녀는 자연적으로 부모와의 관계가 신뢰로 발전하여 문제해결에 쉽게 접근할 수 있게 되는 것입니다.

관심은 자녀에 대한 사랑의 표현이며 부모에게 인정받는 소중한 존재임을 확인시켜 준다는 사실을 깊이 인식하고 평소에 사소한 일에서부터 관심을 갖고 살펴보는 노력이 있어야 합니다.

5) 부모가 먼저 책 읽는 모습을 보여주라

_효과적인 독서 지도 방법

책을 읽을 수 있는 분위기부터 만들어 주라

부모들이 가장 좋아하는 자녀의 모습은 아마도 책을 읽고 있는 모습일 것입니다. 책을 읽고 있는 모습을 보면 자녀의 미래에 기대를 걸 수 있을 것이라는 희망적인 생각에 부모의 마음은 그저 흐뭇할 것입니다. 부모들의 이러한 마음은 독서가 아이들에게 주는 영향이 얼마나 큰가를 경험으로 잘 알고 있기 때문입니다.

가정에서 아이들에게 책을 읽게 하려면 무엇보다도 책을 읽을 수 있는 분위기부터 만들어 주어야 합니다. 그 중에서도 가장 중요한 것은 부모가 책을 읽는 모습을 아이들에게 보여주는 것입니다. 이것이 아이들에게 책을 읽게 하는 가장 효과적인 지도 방법입니다.

　독서는 정신적으로 우리의 눈을 뜨게 하고, 우리의 심령에 감동을 느끼게 하고 우리의 인격을 풍성하게 만들어 줍니다. 이렇듯 독서는 우리에게 즐거움을 주고, 교훈을 주며, 살아가는 데 필요한 지식을 줍니다. 또 학생들에게는 공부에 필요한 기초기능이 되기 때문에 어릴 때부터 책 읽는 습관을 키워주어야 합니다.

독서지도를 효과적으로 하려면 어떻게 해야 할까?

　그럼 가정에서 효과적으로 독서지도를 하려면 어떻게 해야 할까요?

　첫째, 독서환경부터 조성해야 합니다.
　가정에서 독서지도를 하려면 우선적으로 갖추어야 할 것이 독서환경의 조성입니다. 독서는 강제로 하라고 해서 되는 것이 아니기 때문에, 아이들 자신이 자발적으로 책을 읽고 싶어할 분위기가 조성되어야 합니다.

　우선 가정 안에 다양한 종류의 책을 갖춰 놓고 아이들로 하여금 책과 친숙해질 수 있는 여건을 만들어 주는 것이 부모가 가장 먼저 해야 할 일입니다. 그리고 독서하는 데 지장을 주는 TV 시청이나 게임 등은 가능한 선택해서 보도록 이끌어 주는 것이 좋습니다.

　둘째, 부모와 아이가 함께 책을 읽고 '토론하는' 것입니다.

독서지도의 가장 효과적인 방법은 부모와 아이가 같은 책을 읽고 토론하는 것입니다. 같은 책을 보지만 두 세대는 성장 배경이 다르기 때문에 하나의 사건을 보는 관점도 다를 수밖에 없으므로, 이러한 독서과정을 통해서 부모의 견해를 들으며 자녀는 부모의 세계를 이해하게 되고, 또 자신의 생각을 발표하면서 자신의 편견을 수정하게 될 것입니다.

셋째, 책을 읽고 주요내용과 감동을 적는 독서기록도 좋은 방법입니다.
책을 읽고 나서 그 내용과 느낀 감동이나 소감을 오래 간직하기 위해서는 독서기록이 필요합니다. 독서기록은 내면의 성장증거가 되기도 합니다. 또 이것은 논술을 하는 데에도 크게 도움을 줄 것입니다. 이런 독서기록이 습관화되면 내용 파악도 더 확실해지고 문장력도 향상되며 사고의 논리성도 길러져서 비판적인 능력도 생기게 됩니다.

유태인의 경전인 『탈무드』에는 '자식에게 물고기를 잡아주지 말고 물고기 잡는 방법을 가르쳐 주라'는 말이 있습니다. 머릿속에 지식을 넣어주기보다는 지식을 얻는 방법을 가르치라는 말인데, 이것은 곧 사고력을 길러주는 독서를 권장하라는 비유의 말이기도 합니다.

6) 일기 쓰는 아이는 결코 곁길로 새는 법이 없다
_일기쓰기 지도 방법

톨스토이는 일기쓰기로 대성할 수 있었다

러시아의 세계적인 대문호이며 사상가인 톨스토이는 19세 때부터 생의 마지막 순간까지 무려 63년 동안 한결같이 일기쓰기를 실천해 온 일기광입니다. 매일같이 쓰고 있는 평범하고 사소한 일기쓰기 습관이 어쩌면 톨스토이를 대작가로 만든 출발점이자 그의 문학적 결실을 만들어낸 동력이 되었는지도 모릅니다.

톨스토이는 귀족 집안의 아들로 태어났지만 불운하게도 두 살 때 어머니를, 아홉 살 때는 아버지마저 여의고 뒤이어 할머니마저 세상을 떠나자 졸지에 고아신세가 되고 말았습니다.

그 후 친척에 의지하여 살아야 했던 톨스토이는 불우한 환경에서 어려운 성장과정을 거쳐야 했습니다. 그런 그가 이를 극복하고 위대한 작가로 대성할 수 있었던 것은 일기쓰기라는 좋은 습관을 가지고 있었기 때문이었습니다. 그는 매일 일기쓰기를 통해 치열하게 자기를 반성하고 끊임없는 자기성찰로 거듭났기 때문에 인간적 완성을 이룰 수 있었습니다.

일기쓰기는 공부하는 좋은 습관으로 이어진다

학교에서 방학이 되면 으레 주어지는 숙제가 있습니다. 그것은 다름아닌 일기쓰기입니다. 일기쓰기를 과제로 내는 이유는 좋은 습관 하나를 길러주기 위해서입니다.

세계적으로 성공한 사람들에게서 공통적으로 발견되는 것 중의 하나가 바로 좋은 습관을 가지고 있다는 것입니다.

일기쓰기라는 습관은 단순한 글쓰기 훈련을 뛰어넘어 공부하는 좋은 습관으로 이어지고, 자기 수양의 도구로 인격을 도야하는 데 큰 힘이 되고 있습니다. 우리는 일기쓰기의 가치를 알고 자녀들에게 적극 권장해야 합니다.

일기쓰기, 어떻게 지도할까?

그럼 가정에서 일기쓰기를 어떻게 지도해야 할까요?

일기는 단순한 반성문이나 기록문을 넘어서 생각과 논리적 표현을 담은 문학입니다. 그래서 어느 일기쓰기 지도 전문가는 일기의 핵심은 글쓰기뿐만 아니라 '생각하기'이기 때문에 저학년이라면 부모가 아이들이 생각하는 데 실마리를 제공하는 것으로 도와주고, 좀 큰 아이라면 자기 생각을 정리하는 기회가 되도록 이끌어 주되 부모가 일일이 참견하거나 써놓은 일기를 결코 보아서는 안 된다고 조언하고 있습니다. 따라서 아이들이 일기쓰기를 버거워하지 않도록 자유롭게 길지 않게 쓰도록 함으로써 부담없이 즐겁게 써나가도록 지도해야 합니다.

일기를 쓰는 아이는 결코 곁길로 새는 법이 없습니다. 왜냐하면 자기자신이 스스로에게 한 약속과 반성이 있기 때문입니다. 그러니 곁길로 새다가도 곧 제자리로 돌아오기 마련입니다.

그러므로 일기를 제대로 쓰는 사람은 자기 삶을 누구에 의해 끌려다니지 않으며 자신의 삶을 스스로 운영할 수 있게 됩니다.

일기쓰기 습관은 어려서부터 갖는 것이 중요합니다. 어릴 때부터 시작한 일기쓰기라는 사소한 습관 하나가 위대한 작가를 만들고 철학가를 만들기도 합니다. 자녀를 사랑하고 큰 인물로 키우고 싶다면 아이들이 어릴 때부터 일기쓰기가 습관화되도록 이끌어주어야 합니다.

7) 몸이 튼튼해야 공부도 잘할 수 있다
_건강과 학업 모두를 살리는 방법

사슴과 늑대 이야기가 주는 교훈

수십 년 전 알래스카의 자연보호구역에서는 사슴과 늑대가 함께 살았습니다. 그런데 당국은 사슴의 안전을 위해 천적인 늑대를 모조리 없애버렸습니다. 그 후 절대적인 안전 속에서 살아온 사슴은 그 수가 10년 동안 4천 마리에서 무려 10배가 넘는 4만2천 마리로 늘어났습니다.

그러나 여기에 예기치 않은 재앙이 닥쳐왔습니다. 사슴의 평안하고 게으른 삶은 운동의 감소와 체질의 약화를 가져와 질병이 창궐하더니 마침내 생명을 위협하기 시작했습니다.

그러기를 몇 년, 이제는 4천 마리도 남지 않을 지경에 이르게 되자, 당국에서는 그 원인을 규명하고 이 위기를 타개하려고 다시 늑대를 투입했습니다.

그러자 사슴은 늑대에게 잡혀먹히지 않으려고 필사적으로 뛰었고 다시 건강을 되찾게 되었습니다.

신체단련의 시간과 기회를 막아서는 안 된다

이 사슴 이야기는 인위적인 과잉보호가 재앙을 불러들였다는 사실에서 우리의 자녀교육에 의미있는 교훈을 던져주고 있습니다.

오늘날 입시위주의 교육풍토에서 부모들은 오로지 학업성취에만 매달려 몸을 튼튼히 하는 데는 소홀해서 아이들도 마치 늑대 없는 인위적인 안전지대에 살고 있었던 허약한 사슴처럼 되는 것 같아 걱정입니다.

요즘 아이들은 학교 수업이 끝나기가 무섭게 과외공부에 내몰리고, 등하굣길이나 학원 가는 길은 걷지도 못하고 차 타고 다녀야 합니다. 거기에다 등산, 수영 같은 운동이나 취미활동은 위험하다고 해서 가지도 못하게 하고, 극기훈련이나 단체활동은 힘들어 하고 공부할 시간을 빼앗아 버린다고 아예 가지를 못하게 막아버립니다.

이 같은 과잉보호는 몸을 단련할 수 있는 시간과 기회를 빼앗아 그 결과로 신체적으로나 정신적으로 나약한 아이가 될 수밖에 없습니다. 이런 아이들은 인내력이 부족해서 작은 불편이나 고통도 참아내지 못하고 해야 할 일을 쉽게 좌절하거나 포기해버립니다.

신체단련은 자주적 학습능력을 키우는 기초가 된다

대체로 우리 부모들은 신체를 단련시키는 일과 학업성취와는 관계가 없는 것으로 여깁니다만, 그렇지가 않습니다. 몸을 튼튼히 하는 체험을 통해 아이들은 기민성뿐만 아니라, 환경에의 적응성, 일에 대한 열의나 요령, 그리고 노력, 의욕, 적극성을 배양하게 되는데, 이것은 곧 자주적 학습능력을 키우는 기초를 다지는 결과를 가져와 스스로 공부할 능력을 갖게 합니다.

그러므로 아이가 스스로 공부를 할 의욕을 갖도록 하려면 몸부터 단련시켜 주는 것이 무엇보다 중요합니다. 이것은 질병을 고칠 때 부분치료보다 근원적인 치료방안이 앞서야 한다는 것에 비유할 수 있습니다.

아이들을 공부 잘하게 하려면 과잉보호에서 벗어나 신체단련부터 챙기는 부모들의 의식 변화가 있어야 합니다.

건강한 신체에 건전한 정신이 깃든다는 말과 같이 몸이 건강해야 정신도 건전해지고 정신이 건전해야 공부할 의욕도 생깁니다. 몸이 튼튼해야 공부도 잘할 수 있는 이유가 바로 여기에 있습니다. 스스로 공부할 의욕이 생기면 학업성취는 저절로 이루어집니다.

8) 우수두뇌는 유아시절에 만들어진다

_조기교육이 필요한 이유

야생인간의 슬픈 이야기

1920년 인도의 캘커타 서남방에 있는 정글지대에서, 그곳에 선교사로 와 있던 씽 목사 부부는 늑대굴에서 양육되었으리라고 짐작되는 두 어린 아이를 발견했습니다.

작은 아이는 두 살 정도 되어 보였고, 큰 아이는 일곱 살 정도로 보이는 여아였습니다. 두 아이의 머리에는 물론 가슴과 어깨에까지 털이 밀생해 있었습니다. 사람처럼 서서 걷지도 못하고 강아지처럼 손발을 합쳐 네 발로 기어다녔으며, 먹을 것을 주어도 손으로 집어먹지 못하고 꼭 짐승처럼 입을 접시에 대고 핥아먹는 방법밖에 모르고 있었습니다.

머리는 자랄 대로 자라 헝클어져 있었고, 손바닥과 발바닥에는 군살이 박혀 있었습니다. 무슨 소리가 나면 이를 드러내놓고 짖어대는데 그 소리는 늑대의 울음소리와 같았습니다.

틀림없는 인간이었으나 아무리 보아도 인간다운 점은 하나도 찾아볼 수가 없었습니다. 두 아이는 틀림없는 늑대였습니다. 추정컨대, 산중에 버려진 갓난아기를 어미 늑대가 물어다 늑대굴 속에서 양육했을 것이라고 짐작되었습니다.

씽 부부는 이 늑대 아이가 인간세계로 되돌아올 수 있도록 정성을 다하여 노력했지만, 결국 인간으로서의 성장을 가져오게 하지는 못하였습니다. 인간에게 발견된 지 9년 만에 모두 병으로 세상을 떠나게 되었지만, 끈질긴 교육에도 불구하고 겨우 몇 마디 단편적인 단어밖에 사용할 수 없었습니다.

이 야생아는 틀림없는 인간으로 태어났지만, 인간의 문화를 접하지 못함으로써 그만 사람이 아닌 늑대가 되고 만 것입니다. 이것은 곧 인간의 능력이나 인간다운 성격이 어린 시절에 결정된다는 것을 시사해주고 있습니다.

조기교육은 왜 필요한가?

앞의 야생아에서 보듯이 어린 시절에 인간다운 교육을 받지 못하게 되면 성장한 다음에는 영영 그것을 배울 수가 없고, 또 고쳐 배우기가 매우 어렵다는 사실을 실증해주고 있습니다. 여기에서 우리는 적절한 시기에 유아교육을 실시해야 할 필요성을 절감하게 되는 것입니다.

최근에 학자들에 의해 인간의 뇌세포가 만 3세까지의 시기에 70~80%의 발달을 가져온다는 충격적인 연구결과가 발표되었습니다. 아이가 출생했을 때의 뇌세포는 아직 미미한 것이지만, 생후 6개월의 뇌세포는 2배로 늘어나고 만 3세가 되었을 때는 어른의 70~80%에 해당하는 지능발달을 가져온다는 것입니다.

따라서 두뇌가 가장 왕성하게 발달하는 시기에 제대로 된 환경에서 우수두뇌가 되도록 교육하고 계발하는 것이 가장 중요하다는 것입니다. 더욱이 이 시기는 아이들이 태어나면서 선천적으로 무엇인가를 배우는 것을 즐거워하는 시기이므로, 때를 놓치지 않고 이에 필요한 감각적인 자극을 충족시켜 주는 것이 효과적이라는 것입니다. 여기에 조기교육의 필요성이 요구되는 이유가 있는 것입니다.

조기교육은 부모의 몫이다

조기교육은 시기적으로 2세부터 취학 전인 6세까지를 말하는데 이 시기는 지능발달의 70% 이상이 결정되는 매우 중요한 때이며, 이 시기에 들어오는 정보는 두뇌의 그릇에 저장되기보다는 두뇌의 그릇을 만드는 자료로 쓰이게 된다고 합니다.

따라서 이 시기의 정보의 중요성은 두뇌의 발달이 완료된 후에 들어오는 것과는 비교가 안 되며, 그러한 만큼 이 시기는 일생을 통해 가장 중요한 시기인 것입니다.

그러나 이 시기는 유치원에 들어가기 이전의 시기로, 전적으로 부모에 의해 보호받고 교육받는 시기입니다. 말하자면 가정교육에 의해서 능력이 개발되어야 할 시기입니다.

그러므로 특히 어머니는 아이들이 재능을 발휘할 수 있도록 문화적 환경을 조성해주고 다양한 경험을 맛보게 해야 하며, 아이의 끊임없이 솟구치는 탐구 욕구를 제때에 채워주도록 노력해야 합니다.

지금까지 많은 사람들은 우수두뇌란 타고나야 하는 것이라고 생각해 왔기 때문에 '될성부른 나무는 떡잎부터 알아본다'는 속담까지 나왔지만, 최근에 와서 인간의 두뇌는 유전이나 혈통의 결과가 아니라, 인간이 자라나는 과정에 주어지는 환경의 결과라는 점에 대부분의 심리학자들이 일치된 견해를 가지고 있는 만큼, 우리는 이 시기의 중요성을 인식하고 인간의 일생에 있어서 가장 중요한 이 시기를 놓치지 말고 아이의 두뇌를 계발하는 교육에 힘써야 할 것입니다.

제3장
청소년 문제아 지도

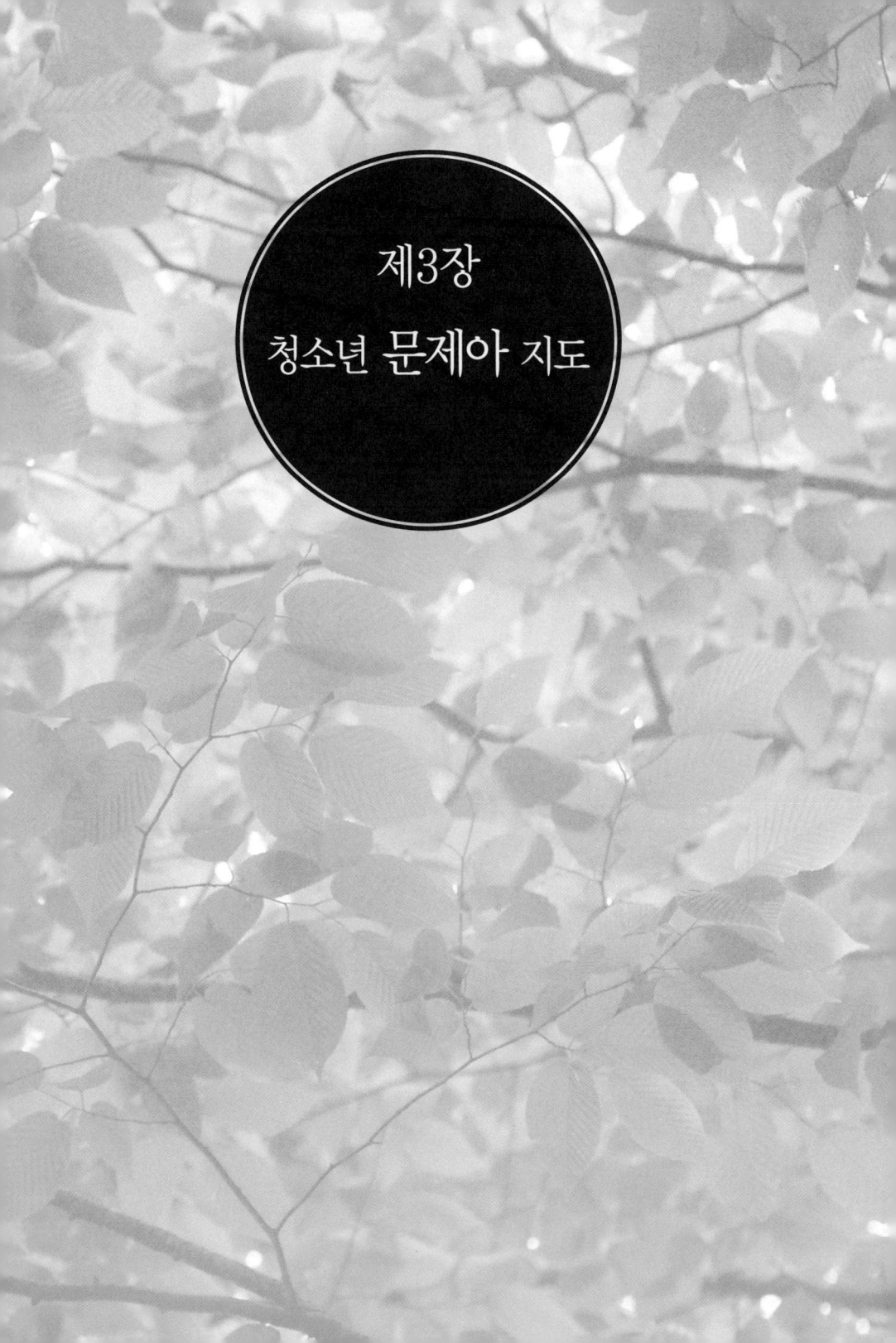

1. 학업상의 문제아 지도 방법

1) 원인부터 파악하여 초기에 제거해야 한다
_무단결석이 잦은 아이

무단결석은 비행의 첫걸음이다

등교할 시간이 되면 학교에 간다며 가방을 매고 집을 나와서는 어딘가를 배회하다가 하교시간에 맞춰 집으로 돌아오는 아이를 종종 볼 수가 있습니다. 부모의 허락없이 결석을 하였으니 자연히 학교와 집을 피하며 할 일 없이 떠돌아다니기 마련입니다.

혼자서 다니기도 하고 자기와 비슷한 처지의 아이들과 어울려 극장, 비디오방, PC방이나 시장바닥을 헤매거나, 아니면 게임장이나 전자오락실 같은 곳에서 무료한 시간을 보내기도 합니다.

이렇게 할 일 없이 배회하다보니 무단결석은 청소년 비행과 밀접한 관계를 갖게 되기 마련입니다. 결석한 사실을 변명하자니 거짓말부터 하게 되고 쓸 돈이 모자라면 집에서 훔치거나 밖에서 훔치게 되어 비행에 빠져들게 됩니다. 그뿐만 아니라 무단결석으로 인한 학습결손의 누적으로 학교 가기가 더욱 싫어져 학교를 그만두게 될 지경에 이르게 됩니다.

무단결석을 하게 되는 원인은 무엇인가?

무단으로 학교를 빠지는 경우는 여러 가지가 있으나, 그 근본적인 원인은 학교에 가기 싫다는 것입니다. 왜 학교에 가고 싶지 않은지 그 원인을 살펴보기로 합니다.

❶ 가정환경이 좋지 못해 무단결석을 하게 되는 경우가 있습니다. 경제적으로 어려워 필요한 책이나 학용품을 제때에 사주지 못하는 등 자녀교육에 뒷받침을 못해 주는 경우, 또 부모 사이가 원만치 못해 집안이 늘 불안한 경우 등 자녀들이 마음 놓고 공부할 수 있는 여건이 마련되지 못하게 되면 학교에 갈 마음이 생기지 않아 무단결석을 하게 됩니다.

❷ 자기가 저지른 잘못으로 인해 학교에 가면 선생님에게 심한 질책을 당할까 두려워 등교하지 않는 경우도 있습니다.

❸ 정해진 날짜에 꼭 내야 할 숙제나 과제를 제때에 제출하지 못하게 되는 경우, 또는 시험에 자신이 없는 경우도 학교에 가기 싫은 이유 중의 하나가 됩니다.

❹ 더러는 또래 친구들과 짜고 어떤 모험적인 체험을 하기 위해 또는 단

순히 놀고 싶어서 무작정 결석하는 경우도 있습니다.

무단결석을 막으려면 어떻게 해야 할까?

무단결석을 한 사실이 밝혀지면 부모는 야단부터 치게 되고 또다시 학교에 빠지는 일이 없도록 엄하게 단속하려고 합니다. 그러나 이런 강압적인 방법은 마지못해 등교하기는 하나 또다시 무단결석을 하게 될 소지가 많습니다. 무단결석을 막기 위해서 가장 필요한 것은 초기에 근원적인 원인을 파악하여 제거해주는 것입니다. 어떤 문제행동이든 그 원인을 조기에 발견해서 제거해주는 것이 중요합니다. 자주 결석을 하게 되면 학습결손이 누적되어 더욱 학교 가기가 싫어지기 때문입니다.

그러므로 부모는 조기발견과 원인 제거에 노력하는 한편 학교와의 긴밀한 연락을 통하여 사전예방에 힘써야 합니다. 부모가 해야 할 역할을 적어봅니다.

첫째, 담임교사와 긴밀한 연락을 취할 수 있도록 협조를 구합니다.
무단결석 등 학교생활에 문제가 생기면 즉시 담임교사에게 알려주도록 하고, 선생님과 상의하여 초기에 바로잡도록 노력합니다.

둘째, 무단결석을 했다면 그 이유부터 알아보도록 합니다.
무단결석을 했다고 아이를 무조건 꾸중하거나 체벌할 것이 아니라 조용하고 차분하게 그 이유를 알아보도록 합니다. 그리고 나서 자녀의 입장에 서서 문제를 해결하도록 노력합니다.

셋째, 문제가 생기면 담임교사와 상의하여 해결하도록 노력합니다.
자녀의 어려움이 무엇인가를 알게 되면, 우선 가정에서 도와줄 수 있는 방법을 찾아보고, 그 다음에 학교를 찾아가서 담임 또는 담당교사와 구체적인 방법을 의논하여 문제를 풀어나가도록 합니다.

넷째, 불량한 아이들과의 접촉을 차단해야 합니다.
자녀가 평소 어떤 부류의 아이들과 어울리고 있는지 교우관계를 살펴서 불량한 아이들과 접촉하고 있다면 그들과 차단할 수 있는 방법을 강구하도록 합니다.

2) 공부에 대한 자신감을 갖게 하는 것이 급선무이다
_학습의욕이 없는 아이

도대체 무엇 때문에 공부를 하려고 하지 않을까?

세상이 온통 학교 성적만을 내세우고 있는 풍조이니 좋든 싫든 간에 부모들은 자녀의 학업에 대하여 과민할 수밖에 없습니다.

그래서 부모들은 자녀만 보면 공부하라고 다그치게 되고, 모든 신경은 자녀가 열심히 공부하고 있는지 감시하는 데 쏠리게 됩니다. 그러나 정작 자녀는 공부로부터 빠져나갈 궁리만 하고 부모의 말은 '잔소리'로 여길 뿐입니다.

부모의 계속되는 독려에도 불구하고 자녀는 계속 공부하려 하지 않고 있으니 안달이 난 부모는 또 매일같이 공부 때문에 큰소리를 하게 되는 현상이 일어나고 있습니다.

어찌되었든 공부는 잘해야 할 텐데 그렇게 되지 않으니 답답할 수밖에 없습니다. 도대체 아이는 무엇 때문에 공부를 하려고 하지 않는 것일까요?

공부를 하려고 하지 않는 원인은 무엇인가?

우리 부모들은 아이가 공부를 하려고 하지 않는 원인을 흔히 '게으르고 놀기만 좋아하기 때문'이라고 생각하고 있습니다. 그렇기 때문에 부모들은 자녀가 공부를 하지 않으면 무조건 야단을 치고 놀지 못하게 감시만 하지 그 애가 왜 공부를 하려고 하지 않는지 그 원인을 캐보려고 하지 않는 것이 보통입니다.

그렇지만 아이가 공부를 하지 않는 데에는 그들 나름의 상당한 이유가 있습니다. 그 원인이 무엇인지 살펴봅니다.

❶ 지적 능력이 부족하거나 그로 인해 누적된 학습결손으로 인해 공부를 따라가지 못하게 되면 좌절하게 되어 공부를 하려고 하지 않습니다.

❷ 잦은 수업의 실패 때문에 공부에 대한 자신감을 잃게 되면 공부하기를 싫어하게 됩니다.

❸ 공부하는 습관이 들어 있지 않으면 공부할 마음이 생기지 않아 공부를 하려고 하지 않습니다.

❹ 가정에서 공부할 분위기가 되어 있지 않으면 공부할 의욕이 생기지 않

습니다.
- ❺ 신체의 질환으로 인하여 공부할 의욕이 나지 않는 경우도 있습니다. 축농증이나 눈병 또는 피로감 등으로 몸이 아프거나 불편해지면 자연히 공부할 생각이 나지 않게 됩니다.

어떻게 하면 공부하게 할 수 있을까?

공부하는 학생이라면 누구나 나름대로 공부를 하려고 합니다. 그런데 실제로는 마음먹은 대로 잘 되지를 않습니다. 왜 그럴까? 그 가장 큰 원인은 공부하는 아이의 마음속에 공부에 대한 자신감이 없기 때문입니다.

그러므로 부모는 학업에 대한 동기부여와 학습에 대한 점진적인 성공체험을 갖게 하여 자신감을 가지도록 도와주어야 합니다.

그럼 어떻게 하면 공부할 의욕이 생기도록 할 수 있을까? 그 지도 방법을 생각해봅니다.

첫째, 공부하려는 마음을 갖도록 도와주는 것이 무엇보다 중요합니다.

공부하려는 마음을 갖게 하기 위해서는 먼저 가정 안에 공부하는 분위기를 만들어 주어야 합니다. 조용히 공부할 수 있는 방을 만들어 주고, 부모들도 자녀가 공부하는 시간에는 텔레비전을 끄고 자녀와 더불어 책을 읽거나 글을 쓰는 등 공부하는 분위기를 만들어 주면 자연히 그 분위기에 동화되어 점차 안정된 마음을 가지고 공부를 하려는 마음을 갖게 됩니다.

둘째, 공부에 대한 자신감을 갖도록 도와주어야 합니다.

잦은 수업 실패 때문에 자신감을 잃고 좌절하고 있는 아이에게는 무엇보다도 성공체험을 갖게 하는 것이 중요합니다. 자그마한 진전이라도 생기면 그때마다 칭찬해주고 격려해주어 사기를 북돋아 주어야 합니다. 몰랐던 것을 하나씩 알아내면 배움의 기쁨을 느끼게 되고 또 자그마한 일이라도 성취되면 자신감이 생기는 것입니다. 거기에 부모나 선생님으로부터 칭찬과 인정을 받기 시작하면 공부도 점차 즐거워지게 됩니다. 자신감을 갖게 하는 데 칭찬과 인정만큼 효과적인 약은 없습니다.

이렇게 자그마한 성취가 거듭될 때 점차 자신감이 확대되어 '나도 할 수 있다'는 긍정적인 자아를 확립할 수 있는 것입니다.

셋째, 공부하는 습관을 기르도록 도와주어야 합니다.

공부하는 습관을 갖도록 하기 위해서는 학교에서 돌아와 해야 할 일련의 자율학습 과정이 정착되도록 꾸준히 실행해야 합니다. 맨 먼저 해야 할 학습은 숙제를 하는 것입니다. 숙제는 학생으로서 최소한의 책임이므로 반드시 하도록 지도해야 합니다.

그리고 나서 오늘 배운 학습내용을 다시 살펴보고 미숙한 부분이나 꼭 외워야 할 부분, 또 반복해서 연습해야 할 부분 등을 찾아 복습하도록 합니다.

이렇게 집에 돌아와서 해야 할 학습의 과정을 혼자서 자율적으로 꾸준히 실행하게 되면 자연히 좋은 학습습관이 형성되는 것입니다.

넷째, 누적된 학습결손을 보완하기 위해 점진적인 학습계획을 세워 개인지도를 통해 해소해주어야 합니다.

기초학력이 부족하면 공부를 따라가지 못하기 때문에 학습에 흥미를 잃고 싫증을 느끼게 됩니다. 그러므로 누적된 학습결손을 보충하기 위해서는 자녀의 지적 능력에 맞게 아주 쉬운 기초학습부터 시작해야 합니다. 현재 자녀가 할 수 있는 수준에서 출발하여 한 단계씩 이루어 가면서 학습결손을 메꾸어나가야 합니다.

다섯째, 신체의 질환으로 인해 학습에 지장을 받는 아이는 병을 고쳐서 정상적으로 학습할 수 있도록 해주어야 합니다.

몸이 아파서 제대로 공부할 수 없는 것을 가지고, 게을러서 공부하지 않는다고 야단을 쳤다면 부모의 책임이 큽니다. 건강해야 정상적인 학습활동을 할 수 있고 공부할 마음도 생기는 것입니다.

3) 공부하는 요령을 알면 성적은 향상된다
_공부가 잘 되지 않는 아이

요령있는 학습을 해야 성적이 올라간다

　공부를 열심히 하려고 애쓰지만, 마음먹은 대로 공부가 잘 되지 않아 애태우는 아이들이 많이 있습니다. 그들은 학교에서나 가정에서 열심히 공부를 하고 있기 때문에, 부모에게 걱정을 끼치는 일이 없는 모범생이지만, 공부에 대해서는 언제나 걱정이 많습니다. 그것은 공부에 투자한 시간과 노력에 비해 기대하는 것만큼 성적이 올라가지 않기 때문에 공부가 잘 안 되는 것입니다.
　그래서 그들 마음속에는 언제나 공부에 대한 과중한 부담감과 열등감, 그리고 지나친 긴장감으로 해서 마음이 늘 답답하기만 합니다. 이처럼 노력에 비해 성적이 올라가지 않는 것은 한마디로 공부하는 방법이 잘못되어 있기 때문입니다.

공부란 덮어놓고 열심히 한다고 해서 성적이 올라가는 것이 아닙니다. 공부에도 공부하는 요령이 필요합니다. 즉 수업 중 요점을 파악하는 요령, 원리를 터득하는 요령, 요점을 노트에 정리하는 요령, 시험을 잘 치르는 요령, 암기하는 요령 등 요령있는 학습을 해야 흥미도 더하게 되어 학습의 욕도 생기고 학습효과도 올라가게 됩니다.

공부가 잘 되지 않는 이유는 무엇인가?

공부를 열심히 하는데도 학습효과가 오르지 않는 이유는 여러 가지 요인이 있겠지만, 가장 중요한 요인은 다음의 두 가지로 요약됩니다.

❶ 공부하는 방법이 좋지 못하면 학습효과가 오르지 않습니다. 공부하는데 많은 시간과 노력을 투자하는데도 성적이 오르지 않는다면, 그것은 공부하는 방법에 문제가 있기 때문입니다. 학습습관이나 공부하는 요령을 검토해서 공부하는 방법을 바꿔보는 것이 바람직합니다.

❷ 주의집중이 잘 안 되면 공부가 제대로 되지 않습니다. 아무리 열심히 공부를 한다 해도 주의집중이 되지 않으면 학습효과는 떨어질 수밖에 없습니다. 소란하고 복잡한 생활환경을 개선하거나 주의집중의 요령을 터득해서 주의집중을 높여야 합니다.

효율적인 학습방법은 무엇인가?

어떻게 하면 효율적으로 공부할 수 있는가에 대해 가장 좋은 학습방법은 '바로 이것이다' 라고 똑 떨어지게 제시하기는 매우 어렵습니다. 혹 있다 해도 모든 학생이나 모든 교과에 꼭 들어맞는 학습방법은 되지 못합니다. 왜냐하면 학습자의 능력, 발달단계, 생활환경 등에 따라 학습방법이 달라져야 하기 때문입니다.

따라서 여기서는 다른 방법에 비해 효율적인 학습방법이라고 생각되는 몇 가지 기본원리를 제시해보기로 합니다.

첫째, 학습은 자기 혼자의 힘으로 자율적으로 하도록 해야 합니다.

학습에 있어 남의 도움을 전혀 안 받을 수는 없겠지만, 되도록 교사나 부모에게 지나치게 의존하지 말고 혼자 힘으로 생각하고 조사하고 탐구하는 습관을 길러야 합니다.

어떤 과제가 주어졌을 때 부모가 다 가르쳐 주려고 하지 말고, 자녀 혼자의 힘으로 알아보고 찾아보고 물어서 과제를 해결하도록 훈련을 시켜야 합니다.

학습방법만 훈련이 되어 있으면 아이들은 알아서 스스로 공부할 것이고, 그러다 보면 자연히 사고하는 능력도 길러질 것이며, 학습결손도 스스로 찾아내 보충할 것이므로 학습효과도 올라가기 마련입니다.

둘째, 복습과 예습을 습관화해야 합니다.

사람의 기억능력은 하루만에 기억한 내용의 60% 정도가 망각된다고 하지만, 학습한 지 얼마 안 지나서 배운 내용을 반복상기시켜 주면, 망각의 양이 극적으로 감소된다고 합니다. 그래서 학습효과를 높이려면 반드시 복습을 해야 합니다.

또 예습은 다음 시간에 공부할 내용을 미리 살펴보는 것인데, 교과서에 제시된 자료나 연구문제를 중심으로 공부하되, 이해가 되지 않은 것은 체크했다가 질문하는 등 사전준비를 해두면 학습효과를 높이는 데 크게 도움이 됩니다.

복습과 예습은 학습효과를 높일 수 있는 매우 좋은 학습방법이므로, 집으로 돌아오면 즉시 복습·예습부터 하도록 습관화시켜야 합니다.

셋째, 수업시간에 충실해야 학습효과가 올라갑니다.

수업시간에 선생님의 강의를 온 신경을 집중해 잘 듣는 것이 무엇보다 중요한 학습방법입니다. 수업시간의 강의는 적당히 듣더라도 나중에 공부하면 된다는 생각은 크게 잘못된 수업태도입니다. 수업은 그 시간이 지나면 다시 들을 수 없습니다.

그러므로 선생님의 강의를 열심히 경청할 뿐만 아니라 질문도 하면서 그 시간에 학습한 것은 그 시간에 완전히 이해하도록 노력해야 합니다. 수업시간에 충실한 학생이 공부를 잘한다는 사실을 분명히 인식시키는 것이 중요합니다.

넷째, 주의집중이 되어 있어야 학습효과가 올라갑니다.

　주의집중이란 어떤 일에 정신을 집중하여 초점을 맞추는 능력을 말하는데, 주의집중이 되어야 공부에 몰입할 수 있고 학습효과도 높일 수 있습니다. 집중력을 발휘할 수 있게 하려면 정신을 산만하게 하는 물리적 환경부터 개선해주어야 합니다. 예를 들어 시끄러운 소음, 너무 덥거나 추운 실내 온도, 그리고 어두운 조명이나 지저분하고 정리정돈이 안 된 실내 분위기 등은 주의력을 흐트러지게 합니다.

　다음으로 공부하는 데 진력이 나지 않도록 배려해주는 것이 중요합니다. 장시간에 걸쳐 공부를 지속한다는 것은 어려운 일입니다. 아무리 정신집중이 잘 되던 일도 시간의 흐름에 따라서 집중력이 약해지기 마련입니다. 문제는 어떻게 하면 집중력이 약해지는 것을 막고, 짧은 시간에 다시 집중할 수 있게 하느냐 하는 것입니다. 이럴 때는 중간중간 휴식이나 기분전환의 시간을 갖게 하는 것이 필요합니다.

　간식을 먹으면서 잠시 쉬거나 기분전환을 위해 맨손체조 같은 가벼운 운동을 하는 것도 좋은 방법입니다. 먼저 온몸의 긴장을 풀고 심호흡을 열 번 정도 반복하면 산소가 머리를 맑게 해주고 집중력을 높여 줍니다.

4) 숙제는 아이의 몫임을 철저하게 인식시켜야 한다
_숙제를 하기 싫어하는 아이

숙제는 아이들의 몫이다

　자녀를 학교에 보내고 있는 부모 치고 숙제에 대해 걱정하지 않는 부모는 없을 것입니다. 그만큼 숙제는 가정학습의 기본인 것처럼 중요하게 인식되고 있기 때문에 자녀들이 학교에서 돌아오면 으레 숙제하라고 다그치게 되고, 또 놀기라도 하면 '숙제 했느냐?'고 묻게 됩니다. 자녀들 역시 공부하라고 말하면 '숙제 다 했어요'라고 대답하고 숙제를 다 했으면 그 날 공부는 끝난 것으로 생각하고 있습니다. 이러한 학습습관은 크게 잘못되어 있다고 보아야 할 것입니다.
　좋은 학습습관이란 학교에서는 우선 수업을 충실하게 듣고 집에 돌아와서는 복습과 예습을 철저히 하여 다음날의 학교수업이 순조롭게 진행되도록 준비하는 자율적인 가정학습이 습관화되어 있는 것을 말합니다.

따라서 숙제만 하면 가정학습은 다 끝난다는 식으로 습관이 만들어져서는 안 되며, 숙제는 어디까지나 복습이나 예습의 한 일환으로 공부하는 것이 바람직한 학습습관입니다. 뿐만 아니라 숙제는 학생으로서 마땅히 해야 할 책임이므로, 복습과 예습을 할 때 반드시 자기 스스로의 노력으로 해결하도록 이끌어 주어야 합니다.

숙제를 하기 싫어하는 이유는 무엇인가?

숙제는 학생으로서 해야 할 최소한의 책임입니다. 그런데도 숙제를 하기 싫어하는 것에는 학생 나름의 이유가 있습니다. 어떤 이유가 있는지 살펴봅니다.

❶ 놀기 바쁘거나 공부에 흥미가 없으면 숙제를 하지 않습니다. 숙제를 하지 않는 가장 많은 이유 중의 하나는 놀기 좋아해서 공부할 시간을 갖지 못하는 것입니다. 또 공부에 흥미가 없으면 자연히 학습의욕이 일어나지 않아 숙제를 거들떠 보지도 않게 됩니다.

❷ 숙제의 분량이 너무 많거나 힘에 부치면 공부하지 않습니다. 숙제의 분량이 너무 과중하거나 숙제의 내용이 어려워 혼자서 해결할 능력이 없으면 아예 질려버리게 되어 숙제를 할 엄두를 내지 못하게 됩니다.

❸ 숙제에 대해서 지나치게 잔소리하면 하려고 하지 않습니다. 아이들의

숙제에 대해 지나치게 자질구레한 잔소리를 늘어놓으면 이에 반항심이 생겨 오히려 공부를 하지 않게 됩니다.

숙제를 어떻게 도울 것인가?

많은 부모들은 아이들의 숙제를 거들어 주려고 노력합니다. 그러나 이러한 직접적인 도움은 위험한 것입니다. 이것은 아이들의 의타심만 키워주는 결과가 되기 때문입니다. 그러므로 부모는 제3자의 입장에 서서 자녀가 스스로 숙제를 해결할 수 있도록 뒷받침해주는 것으로 만족해야 합니다.

그럼 어떻게 도와주는 것이 바람직할까요?

첫째, 숙제는 아이의 몫이고 책임임을 인식시켜야 합니다.

숙제는 학생의 책임이므로 반드시 스스로 해야 한다는 점을 아이에게 인식시켜 주어야 합니다. 따라서 부모는 아이의 숙제에 대하여 간섭하지 말고 숙제를 하는 데 필요한 여건을 만들어 주는 것으로 끝내야 합니다. 그래야만 책임감을 느껴 알아서 하게 됩니다.

둘째, 숙제는 스스로의 노력으로 해결하도록 해야 합니다.

자녀가 애쓰는 것이 안타깝다고 부모가 숙제를 대신 해주면 의존적인 생각을 갖게 하여 스스로 공부할 생각을 하지 않게 됩니다. 그러나 자기가 애써서 마침내 이를 끝내게 되면 성취감을 느끼고 자신감을 갖게 될 뿐만 아니라, 점차 학습에 흥미를 느껴 더욱 열심히 공부하게 됩니다.

셋째, 숙제에 대해 부모는 간접적인 도움을 주는 데 그쳐야 합니다.
자녀가 숙제를 도와달라고 했을 때, 숙제를 제대로 할 수 없을 것 같으면 그 지시내용을 알기 쉽게 설명해주거나, 또 필요한 자료를 제공해주는 정도까지는 무방하나 그 이상을 도와주어서는 안 됩니다.

넷째, 숙제할 시간은 자녀의 의견에 따라 정하는 것이 좋습니다.
숙제할 시간을 일방적으로 정하여 강제로 시키기보다는 서로 의논하여 자기가 편한 시간을 선택해서 하도록 해주면, 자기의 뜻대로 되었다는 생각으로 자발적으로 공부하게 됩니다.

다섯째, 숙제의 분량이 많거나 힘에 부치게 되면 교사와 상의하여 적절한 해결방법을 찾아야 합니다.
과중한 숙제로 아이들이 스트레스를 받게 되면 공부하는 것이 지겹게 느껴져 학습의욕을 잃게 하는 요인이 되므로, 교사나 부모는 적절한 분량의 숙제가 되도록 상의하는 것이 좋습니다.

5) 성적불량의 원인을 찾아 보완하면 올라간다
_성적이 나쁜 아이

성적을 올릴 수 있는 방법은 없을까?

부모라면 누구나 갖고 있는 소망이 있습니다. 자녀가 공부를 잘해서 우수한 성적으로 명문학교에 진학하는 것입니다. 오늘과 같은 고학력 경쟁사회에서는 어쩌면 당연한 소망일지도 모릅니다.

다행히 성적이 우수한 자녀를 가진 부모들은 별 문제가 없겠지만, 성적이 불량한 자녀를 둔 부모들에게는 매우 심각한 문제로 받아들여져서 아이들 못지않게 걱정이 많습니다.

성적이 나쁜 경우는 두 가지입니다. 하나는 성적이 꾸준히 하위수준에 머무르는 경우이고, 또 하나는 성적이 좋았다가 점차 혹은 급격히 내려가는 경우입니다.

그럼 이렇게 하위권을 맴돌고 있는 아이들의 성적을 올릴 수 있는 방법은 없을까요? 찾으면 반드시 길은 있습니다. 의기소침해서 좌절하고 있는 아이에게 부모는 깊은 애정과 관심을 가지고 격려해주고 꾸준히 뒷받침을 해준다면 성적은 반드시 향상될 수 있습니다.

성적이 나쁜 원인은 무엇인가?

성적이 나쁜 원인에는 여러 가지가 있습니다. 그 중요한 원인을 살펴봅니다.

❶ 공부를 위해 투입하는 시간이 적으면 성적이 좋을 수 없습니다. 아무리 머리가 좋거나 공부할 수 있는 여건이 잘 갖추어져 있다 해도 학생 스스로 공부에 투입하는 시간이 적으면 성적이 나쁠 수밖에 없습니다.

❷ 선행학습을 제대로 소화하지 못한 채 다음 학습에 임하게 되면 따라가기가 힘들어져 성적이 나빠지게 됩니다. 대부분의 학습은 저학년일수록 쉽고, 고학년의 학습은 저학년의 학습을 기초로 하여 이루어지게 되어 있으므로, 앞부분의 학습내용을 충분히 이해하지 못하게 되면 따라가지 못해 성적이 떨어질 수밖에 없습니다.

❸ 공부하는 방법이 좋지 않으면 성적이 올라가지 못합니다. 공부하는 데 많은 시간과 노력을 투입하는데도 성적이 올라가지 않는다면, 그것은 공부하는 방법이 잘못되어 있기 때문입니다. 학습습관이나 공부하는

요령을 검토해 보아야 합니다.

❹ 정서가 불안하면 성적이 나빠집니다. 가정의 불화, 형제 간의 갈등, 친구 간의 마찰 등 정서적으로 심각한 문제가 있으면 제대로 공부할 마음이 생기지 않아 공부를 하지 못하기 때문에 성적이 나빠질 수 있습니다.

성적을 끌어 올리려면 어떻게 해야 할까?

성적이 나쁜 경우, 그 원인이 무엇이든 성적을 끌어올리려면 자녀와 부모 모두의 노력과 인내가 있어야 합니다.

첫째, 공부하는 시간이 적어서 성적이 오르지 않는 경우에는 공부할 시간을 빼앗는 요인을 제거해서 공부할 시간을 늘려야 합니다.
친구와 노는 데 바빠서, 가사를 돕는 일이 많아서 공부할 시간이 없다면 그 시간을 줄여서 공부할 시간을 늘려 주어야 합니다. 그러나 무엇보다 중요한 것은 학습에 대한 흥미와 관심을 가질 수 있는 여건을 만들어 주어서 학생 스스로가 공부할 마음이 생겨나게 하는 것입니다. 그러면 자연히 공부할 시간도 만들어지는 것입니다.

둘째, 선행학습의 결손으로 성적이 떨어지는 경우에는 개별학습을 통해 결손된 부분을 보완해주어야 합니다.

기초학습이 되어 있지 않으면 그 다음 학습이 잘 이루어지지 않으므로, 개별학습지도를 할 때에는 자녀의 수준에 맞게 학습이 결손된 그 위치에서부터 다시 시작해서 보충해야 합니다.

셋째, 학습방법이 좋지 않아서 성적이 나쁜 경우에는, 학습습관이나 공부하는 요령을 검토해서 공부하는 방법을 바꿔야 합니다.
자녀가 열심히 공부를 하는데도 성적이 오르지 않는 것은, 효율적인 학습방법이 아니기 때문입니다. 이에 대해서는 앞에서 설명한 '공부가 잘 안 되는 아이'에 자세히 다루었으므로 여기서는 생략합니다.

넷째, 정서가 불안해서 성적이 떨어지는 경우에는 먼저 불안요인을 해결하여 심리적인 부담을 없애 주어야 합니다.
자녀가 공부하는 데 지장을 줄 만큼 무거운 정서적 갈등을 겪고 있다고 생각될 때는, 부모의 일방적인 권고나 충고보다는 자녀와의 공감적인 대화로 해결책을 함께 찾아보는 것이 효과적입니다.

6) 기초능력 결함의 원인을 진단하여 치료해 주어야 한다
_학습에 장애를 받는 아이

학습장애는 기초능력의 결함에서 온다

영리해 보이는 학생들 중에서 성적이 의외로 좋지 않는 경우를 가끔 발견할 수 있습니다. 학급토론이나 집단활동에서 보면, 재치있는 언어구사와 뛰어난 유머감각 등으로, 곧잘 웃기면서도 설득력있게 이야기하고 있어 머리가 좋은 학생으로 인정받고 있는 학생이지만, 시험을 치른 결과를 보면 그 학생의 것이라고는 도저히 믿을 수 없을 만큼 한마디로 엉망인 학생이 있습니다. 그래서 선생님이나 부모는 이런 학생을 가리켜 노력이 부족한 아이로 여겨왔습니다.

그러나 이런 아이들에게는 커다란 문제가 숨겨져 있습니다. 말은 유창

하게 하면서도 글로 표현하는 것은 엉망이고, 남들이 쉽게 외울 수 있는 구구셈이나 수학공식 같은 것을 익히는 데도 남다른 고충을 겪고 있습니다. 이런 경우가 바로 학습장애에 해당된다고 볼 수 있습니다.

머리는 좋은데 노력을 하지 않아 공부를 못하는 것이 아니라, 학습에 필요한 어떤 기초능력에 결함이 있어 아무리 노력을 해도 공부가 잘 안 되는 것으로 이해되어야 합니다.

학습장애가 생기는 원인은 무엇인가?

학습장애라는 개념은 선진국에서도 비교적 최근에 설정된 것으로, 우리나라에 소개된 것도 근자의 일이어서 우리에게는 생소한 용어로 들립니다. 지금까지는 지능이 정상 또는 그 이상에 속하면서도 성적이 불량한 학생을 통틀어 학습부진아로 불러 왔는데, 앞으로 학업장애는 일반 지능의 결함에 기인한 정신박약이나 불완전학습의 누적과 학습동기의 상실로 인한 학습부진과는 분명히 다른 특수교육의 분야로 구분하여 받아들여야 합니다.

학습장애의 원인으로는 다음의 세 가지 요인을 들고 있습니다.

❶ 신체적 요인으로는, 두뇌의 외과적 손상이 학습장애의 한 원인이 될 수 있습니다.

❷ 유전적 요인으로는, 부모가 학습장애를 가졌을 때 그 자녀들이 학습장애자가 될 확률이 높습니다.

❸ 환경적 요인으로는, 결핍된 교육환경에서 자란 학생들 중에 학습장애를 겪는 경우가 많습니다.

학습장애를 어떻게 극복할 수 있을까?

학습장애자는 겉으로 보기에는 멀쩡하지만, 어떤 기초능력의 결함 때문에 제 기능을 발휘하지 못하고 있습니다. 이것은 마치 심장판막증이 있어 겉으로는 건강해 보이는 학생이 뜀박질을 못하는 것과 같습니다. 심장의 결함을 제거해주지 않는 한 운동을 잘할 수가 없는 것과 마찬가지로, 학습장애자의 경우에도 그 학생이 가지고 있는 장애요인을 제거 또는 보완해주지 않으면 정상적인 학습효과를 올릴 수가 없습니다.

첫째, 학습장애자를 치료하기 위해서는 정확한 진단과 평가가 선행되어야 합니다.

학습장애의 문제는 학생 개개인의 상황에 따라 원인도 다르고 장애의 정도와 종류도 다르기 때문에, 정확한 지도를 위해서는 먼저 정확한 진단과 평가가 선행되어야 합니다.

둘째, 학습장애의 원인을 정확히 진단하여 치료와 교육에 임해야 합니다.

진단과 평가는 반드시 전문가에 의해서 표준화 학력검사, 심리검사 등을 실시하여 이루어져야 하며, 그렇게 해서 얻은 정확한 진단과 평가에 기초하여 장애요인을 제거하거나 보완하기 위한 치료와 교육이 마련되어야 합니다.

셋째, 학습장애자는 훈련받은 전문가에 의해 치료교육을 받아야 합니다.
장애의 정도가 경미할 경우에는 훈련된 특수교사에 의해 개별지도를 받게 할 수 있으나, 장애의 정도가 심한 경우에는 특수 전문교육기관에 의뢰해서 치료를 받아야 합니다.

2. 사회성 문제아 지도 방법

1) 예절교육은 솔선수범을 통한 감화교육이 효과적이다
_예의가 없는 아이

따끔하게 꾸중하는 부모가 아쉽다

한때 '고맙습니다', '미안합니다', '안녕하십니까?'의 세 가지 인사말의 앞 글자를 딴 '고미안운동'이 전개된 일이 있습니다. 이 운동이 전개된 배경에는 우리 사회에서 가장 기초가 되는 예절인 인사마저도 제대로 지켜지지 않고 있다는 데 문제가 있다고 생각했기 때문이었습니다. 이런 사회 분위기에서 성장하는 아이들을 생각하면 걱정이 앞섭니다.

아닌 게 아니라 우리 아이들의 예절생활을 살펴보면 아찔해집니다. 집에 손님이 와도 인사를 제대로 하지 않는 아이들, 어른에게 공손하지 못한 아이들, 식당을 휘젓고 돌아다니는 아이들, 길바닥에 함부로 휴지를 버리는 아이들, 상스러운 말을 거침없이 해대는 아이들 등 모두가 걱정스러운 아이들이지만 따끔하게 꾸중하는 부모는 드문 게 현실입니다.

예절은 어릴 때부터 철저히 가르쳐야 한다

예절은 서로 지켜야 할 인간의 도리요 사람이 갖추어야 할 품위입니다. 그래서 예절은 지식이 아니라 생활 그 자체이며 어릴 때부터 몸에 배어 있어야 어른이 되어서도 사회생활에 잘 적용할 수 있는 것입니다.

그런데 이렇게 제멋대로 자란 아이들이 과연 웃어른을 공경하고 이웃과 더불어 서로 도우며 즐겁게 사회생활을 할 수 있는 사람으로 자랄 수 있을까 생각하면 걱정이 앞섭니다.

부모에게 있어 자녀는 사랑스럽고 귀한 존재입니다. 그러나 귀엽다고 해서 버릇없이 키우면, 그 자녀는 남에게 미움받는 사람으로 자라나 다른 사람들과 어울려 살아갈 수 없게 됩니다.

그러므로 부모는 사람으로서 당연히 지켜야 할 올바른 예절을 어릴 때부터 철저히 가르쳐 주는 것이 자녀의 행복한 장래를 보장하는 최선의 방법입니다.

예절을 어떻게 지도할 것인가?

아이가 예의바른 행동을 하지 못하는 일차적 책임은 부모에게 있습니다. 따라서 예의가 없는 아이에게 예의바른 행동을 하도록 지도할 책임도 부모에게 있습니다.

  자녀들은 부모의 태도, 행동, 습관 등을 보면서 그것을 본받으며 부모를 닮아갑니다. 그래서 부모는 스스로 모범을 보여주어야 할 뿐만 아니라, 수시로 예절에 맞는 행동이 어떤 것인지 가르쳐 주어야 합니다. 따라서 바람직한 예절교육 방법은 '내가 시키는 대로 해라' 가 아니라, '내가 하는 대로 해라' 라는 솔선수범을 통한 감화교육이 가장 효과적인 것입니다.

  그럼 기본 생활습관이 되는 인사, 언어, 식사, 전화에 대한 예절을 어떻게 할 것인가를 생각해봅니다.

첫째, 인사예절부터 철저히 가르쳐야 합니다.

  인사는 대인관계에서 가장 기초가 되는 예절로 사람과 사람 사이에 꼭 지켜야 할 사회규범입니다. 따라서 가정교육의 첫걸음은 인사 잘하는 자녀로 키우는 일부터 시작되어야 합니다.

  인사는 상대방을 존경하고 반가움을 나타내는 표시이므로, 마음과 행동이 일치되고 인사말과 자세가 맞아야 합니다. 반가우면 반가운 표정을 하고 고마우면 고마운 뜻이 전달되게 감정을 나타내야 합니다.

  앞에서 말한 '고미안 운동' 은 인사의 가장 기초가 되는 기본적인 예절이 되므로, 그 뜻을 잘 새기고 일상생활에서 실천된다면 자녀의 예절교육에 크게 도움이 될 뿐만 아니라, 우리 사회는 한층 명랑한 사회가 될 것입니다.

둘째, 바른 언어예절을 가르쳐야 합니다.

바른 말은 바른 마음에서 나오고 고운 말은 고운 정신에서 나온다고 합니다. 말은 사람의 품격을 나타내는 것이므로, 예로부터 사람을 평가하는 기준으로 중시하였습니다.

그런데 요즘 아이들의 말버릇이 몹시 마음을 상하게 합니다. '아빠, 밥 먹어', '엄마가 해', '난 몰라' 등이 보통이고, 전화를 받을 때 '누구야'로 시작해서 '엄마 집에 없어'로 끝납니다. 기본적인 언어예절을 모르는 것 같습니다.

자녀들에게 바른 말, 고운 말을 쓰게 하려면 부모부터 바른 말, 고운 말을 써서 모범을 보여야 합니다. 일상생활에서 높임말을 생활화하게 하고, '이 새끼야', '입 닥쳐'와 같은 속된 말이나 천한 말을 쓰지 않도록 지도해야 합니다.

셋째, 올바른 식사예절을 가르쳐야 합니다.

우리 조상들이 밥상머리에서 사람다운 삶의 지혜와 예절을 가르쳐왔듯이 우리들도 식사시간을 활용하여 기본예절을 가르쳐야 합니다. 특히 많은 사람들과 더불어 살게 되는 사회생활에서 다른 사람들과 식사를 함께 나누게 되는 경우가 많이 있으므로, 어릴 때부터 올바른 식사예절을 가르쳐 남에게 불쾌감이나 혐오감을 주는 일이 없도록 지도해야 합니다.

식사를 하면서 자녀들이 꼭 지켜야 할 예절을 적어봅니다.

❶ 식사를 하면서 대화를 나누는 것은 좋으나, 입안에 음식물을 넣고 말

하는 것은 좋지 않습니다. 밥을 먹을 때에는 입을 꼭 다물고 먹어야 하며 '쩝쩝' 하는 소리가 나지 않도록 조심해야 합니다.

❷ 음식은 조심스럽고 깨끗하게 먹어야 하며, 자기가 먹을 수 있을 만큼 떠서 먹고 남기지 않도록 해야 합니다.

❸ 음식을 먹는 동안에 장난치며 돌아다니지 말아야 하며, 그릇끼리 부딪치는 소리가 나지 않게 조심스럽게 다루어야 합니다.

❹ 편식을 하지 않고 음식을 골고루 먹도록 해야 합니다.

❺ 식사가 끝나면 맛있게 먹었다고 인사하도록 해야 합니다.

넷째, 전화예절도 가르쳐야 합니다.

전화는 상대방을 보지 않고 통화하는 것이기 때문에, 항상 공손하고 정중하게 그리고 상냥한 언어를 쓰도록 가르쳐야 합니다.

❶ 전화를 받을 때는 먼저 자기를 소개하고 통화해야 합니다.

❷ 전화를 걸 때는 인사부터 하고 용건을 말하도록 합니다.

❸ 부모에게 온 전화는 공손하게 받고 메모해 전하도록 합니다.

❹ 잘못 걸려온 전화라고 불쾌하게 대답해서는 안 됩니다.

❺ 전화는 되도록 간단하게, 쓸데없이 오래 쓰지 않아야 합니다.

❻ 공중전화는 여러 사람이 사용하는 것이므로 소중히 다루며, 용건만 간단히 말하도록 합니다.

2) 남을 배려할 줄 모르면 사회에 적응할 수 없다

_남을 배려할 줄 모르는 아이

과잉보호로 이기적인 아이로 키워서는 안 된다

남을 배려할 줄 모르는 아이는 남을 생각할 줄 모르는 이기적인 아이입니다. 이기적인 아이는 자기밖에 모르기 때문에 남을 의식하지 않고 버릇없이 제멋대로 행동합니다. 그래서 친구들로부터는 미움을 사게 되고 어른으로부터는 눈총받는 아이로 꾸중의 대상이 됩니다.

이러한 아이는 자기 이익만 챙기려 하고 남의 불편이나 고통에 대해서는 아랑곳하지 않는 매우 자기중심적인 아이로 전혀 남을 배려할 줄 모릅니다. 결국 이런 아이는 또래집단이나 친구들로부터도 환영받지 못하고 소외되기 마련입니다.

왜 이렇게 되고 말았을까? 그것은 부모가 자녀만 아끼고 사랑할 줄 알았지 남과 더불어 살아가는 지혜를 가르쳐 주지 않았기 때문입니다.

남을 배려할 줄 모르는 원인은 무엇인가?

남을 배려할 줄 모르게 된 중요한 원인은 부모의 양육태도에서 그 원인을 찾을 수 있습니다. 그 원인이 무엇인지 살펴봅니다.

첫째, 과잉보호 속에서 응석받이로 자라게 되면 남을 배려할 줄 모릅니다.
어릴 때부터 과잉보호 속에서 응석받이로 자란 아이는 자기가 원하는 것을 모두 충족시켜 주었을 뿐만 아니라, 어른보다도 먼저 떠받들다시피 키워졌기 때문에 이기적인 아이로 자라 남을 전혀 배려할 줄 모르게 된 것입니다.

둘째, 자기욕심만 챙기려 하기 때문에 남을 배려할 만한 마음의 여유가 생기지 않기 때문에 남을 배려할 줄 모릅니다.
이기적인 아이의 심리적 특성의 하나는 욕구 충족에 대한 자제력이 약하다는 것입니다. 사람은 자기 욕구를 적절한 선에서 자제할 수 있어야 남에게도 배려할 마음의 여유가 생기는 것인데, 자기 욕구만 채우려고 하니까 남을 생각할 여유가 없는 것입니다.

<u>셋째, 이기적인 아이는 주고받는 긍정적인 감정이 없기 때문에 받기만 할 줄 알지 남에게 주거나 베풀 줄 모릅니다.</u>

원만한 인간관계를 유지하려면 서로 주고받으며 살아야 하는데, 이기적인 아이는 일방적으로 받기만 하려고 하니까 남에게 베풀 수가 없는 것입니다.

남을 배려할 수 있게 하려면 어떻게 지도해야 할까?

남을 배려할 줄 모르는 아이는 가정에서 부모가 다른 사람과 더불어 원만하게 살아가는 지혜를 가르쳐 주지 않았기 때문입니다. 아무리 많이 배우고 일을 잘한다고 하더라도 남을 배려할 줄 모른다면 그 사람은 이 세상에서 원만하게 살아갈 수 없습니다.

아이의 학업에 많은 신경과 관심을 갖는 것도 중요하지만, 그것 못지않게 어릴 때부터 더불어 살아가는 지혜를 가르침으로써 남을 배려할 줄 아는 사람으로 키우는 것이 무엇보다 중요합니다.

그럼 남을 배려할 수 있게 하려면 어떻게 지도해야 할까요?

<u>첫째, 이기적인 아이를 가진 부모는 우선 자녀를 양육하는 태도부터 바꾸어야 합니다.</u>

과잉보호로 이기적인 아이로 키워서는 안 됩니다. 지나친 애정은 아이로 하여금 자기밖에 모르는 이기주의자로 자라 남과 더불어 살아가는 데

어려움을 겪게 됩니다.

둘째, 자기의 행동이 다른 사람에게 미칠 영향을 생각하도록 교육시켜야 합니다.

자기밖에 모른다는 것은 곧 다른 사람의 입장이나 사정을 생각하는 마음이 부족하다는 것을 나타냅니다. 따라서 부모는 자녀로 하여금 어떤 행동을 하기 전에 그 행동이 다른 사람에게 어떠한 영향을 미칠지 생각해보도록 가르쳐야 합니다.

셋째, 자신의 욕구를 자제할 수 있도록 가르쳐야 합니다.

어떤 욕구든지 언제나 즉각적으로 충족되는 상황을 만들기란 불가능합니다. 따라서 아이는 자기의 욕구를 적절하게 참고 견디는 법을 배워야 사회생활에 적응할 수 있게 됩니다.

그러므로 부모는 자녀가 원하는 대로 다 들어줄 것이 아니라, 선별해서 들어줄 것은 들어주고 들어줄 수 없는 것은 포기하도록 하는 확고한 양육 태도를 지녀야 합니다.

또 때로는 들어줄 필요가 있는 것이라 해도 일단 적당한 시간이 지난 다음에 해결해줌으로써 인내하고 자제하는 훈련을 시켜야 합니다.

3) 남을 헤아리는 마음가짐이 되어 있어야 된다
_공덕심이 없는 아이

공중질서 무엇이 문제인가?

 사람들이 살고 있는 곳이라면 어디든지 누구나 지키고 따라야 할 행위 규칙이 있기 마련입니다. 따라서 여러 사람들이 모여 있는 공공장소에서 질서를 지키는 것은 다른 사람에 대해 최소한의 예의를 지키는 것입니다. 또 공중도덕을 지키는 것은 다른 사람들을 위해 자신을 희생하자는 것이 아니라, 여러 사람들이 함께 이용하는 공공장소나 시설물을 보다 즐겁고 편리하게 사용하기 위해서 서로 조금씩만 다른 사람들의 입장을 생각해보자는 것입니다.
 한국을 매우 사랑한다는 어느 외국인이 '한국 사람은 훌륭한 장점을 많이 가지고 있지만, 남을 배려하는 마음이 인색하고, 양보의 매너는 거의 후진국 수준이다' 라고 우리의 아픈 곳을 찌른 충고의 말이 새삼 떠오릅니다.

아닌 게 아니라 사실이 그렇습니다. 그 무질서의 현장을 한번 살펴보기로 합니다.

지하철의 문이 열리기가 무섭게 뛰어들어가 잽싸게 자리를 차지하고 떠드는 아이들, 선진국에서는 빈 자리가 남아 있지 않는 한 건강한 아이가 앉아 있는 광경이란 찾아볼 수도 없거니와 더구나 차 안에서 떠드는 일은 볼 수가 없습니다.

거기에다 요즘 아이들이 거의 가지고 있다시피 한 휴대폰의 소음도 정도를 넘어섭니다. 여기저기 울려대는 신호음에다 남을 아랑곳하지 않는 큰소리의 통화로 시끌시끌합니다.

또 극장, 공연장, 경기장에서의 관람질서는 어떠합니까? 공공장소에서는 음식을 먹지 말아야 하는데, 먹고 버린 쓰레기로 골치를 앓고 있습니다. 조용히 시청해야 할 공연장에서도 끼리끼리 모여 떠들고 휴대폰마저 울어대고 있습니다.

뭐 이런 것뿐이겠습니까? 곳곳에서 무질서의 현장은 얼마든지 찾아볼 수 있습니다. 따지고 보면 이런 현상이 아이들만의 행태는 아닙니다. 어른들의 무질서를 아이들이 따라 배운 것뿐입니다. 어떻게 보면 자업자득이라고 할 수 있습니다.

시민교육은 어린 시절에 끝내야 한다

공중도덕을 잘 지키고 사회와 나라를 사랑할 줄 아는 사람으로 키우는 민주시민교육은 흔히 학교에서 담당해야 할 교육이라고 인식되고 있지만, 각 가정에서 우선 부모가 맡아 해야 할 중요한 과제 중 하나입니다. 왜냐하면 이 같은 시민교육은 어머니의 손을 잡고 다니는 동안에 끝내야 할 교육이기 때문입니다.

아이가 자라서 나들이를 하게 되면, 어머니의 손을 잡고 다니게 되는데, 이 시기는 가장 감수성이 예민하여 교육이 잘 받아들여지는 때이므로, 선진국에서는 모든 시민교육은 이 시기에 끝내야 한다고 생각하고 있습니다. 그러자면 무엇보다도 부모가 언제나 솔선수범하는 자세가 되어 있어야 합니다. 학교교육은 집단교육으로 지적 학습이나 훈련이 중심이 된다면, 부모의 이러한 교육은 개별교육으로 인간중심의 실천적 교육이므로 부모보다 훌륭한 교사는 없습니다.

부모에 의한 교육은 교화가 아닌 감화입니다. 몸소 실천하는 부모의 산 교육일수록 아이들 마음에 강하게 살아 있게 되는 것입니다.

공덕심을 어떻게 길러줄 것인가?

부모라면 어릴 때부터 아이들이 다른 사람을 배려할 수 있도록 교육을 시켜야 할 책임이 있습니다. '귀한 자식일수록 엄하게 키우라'는 말이 있지만, 이 말은 귀한 자식일수록 바르게 키우라는 말입니다.

그럼 어떤 곳에서 무엇을 어떻게 가르쳐야 할까 생각해보기로 합니다.

첫째, 남을 배려하는 것부터 가르쳐 주어야 합니다.

남을 배려한다는 것은 다른 사람의 일에 대해서 이리저리 마음을 써준다는 뜻이지만, 흔히는 남에게 폐를 끼치지 않는다거나, 내가 이득을 얻기 위해서 남에게 괴로움을 안겨주지 않는 것이 남을 배려하는 것이라고 생각합니다. 그러나 보다 적극적인 의미에서의 배려란 상대방의 입장이 되어 진심어린 마음으로 도움을 주는 행동을 말합니다.

그럼 무엇인가 도움이 필요한 사람에게 적절한 도움을 주는 작은 배려에는 어떤 것이 있을까요?

❶ 노약자 · 장애인 보호석을 비워두기.
❷ 뒷사람이 다치지 않게 문을 잡아주기.
❸ 휴대폰은 때와 장소를 가려서 사용하기.
❹ 공공장소에서 떠들지 않기.
❺ 자리 양보하기.
❻ 힘겨워하는 사람 도와주기 등등.

둘째, 공중도덕을 지키도록 가르쳐 주어야 합니다.

사람이란 자칫하면 이기적으로 변하기 쉽습니다. 그러나 인간은 본래 다른 사람과 어울려서 삶을 영위해 나가기 마련입니다. 이러한 공동체를 이루고 있는 우리들이 서로 신뢰를 가지고 평화롭게 살아가기 위해서는 내 마음을 미루어 남을 헤아리는 마음가짐이 있어야 합니다.

　이러한 마음가짐으로 서로 남을 배려하고 양보하며 살아갈 때 밝고 명랑한 사회를 이룰 수 있을 것입니다.

　그럼 아이들이 대인관계에서 꼭 지켜야 할 최소한의 행동규범에는 어떤 것이 있을까요?

❶ 바른 줄 서기 문화 만들기.

❷ 교통법규 준수하기.

❸ 공공시설을 내집처럼 아끼고 보호하기.

❹ 행락질서 지키기.

❺ 자연환경 보호하기.

❻ 쓰레기 함부로 버리지 않기 등등.

4) 의도적으로 어울릴 수 있는 기회를 마련해준다
_친구와 어울리지 못하는 아이

왜 놀지 못하게 하는 거야?

"엄마가 저런 애하고는 가까이 지내지 말라고 했잖아."
"엄마, 나는 미선이가 좋아. 그런데 왜 놀지 못하게 하는 거야?"
"아무나 친구가 되는 게 아니라고 했지. 친구는 너와 비슷한 수준이어야 하는 거야. 그러니까 안 돼!"
함께 놀고 있는 아이의 손목을 잡아당기며 엄마는 아이를 끌고 집으로 갑니다. 끌려가는 영미는 이해할 수 없다는 듯 엄마의 손을 빼내며 항변을 합니다.
"엄마. 미선이는 착하고 나에게도 잘해 주는데 왜 못 놀게 해?"

"그 애는 홀어머니 밑에서 사는 아이야. 거기다 공부도 잘하지 못하지 않니. 그런 집 애와 놀면 너만 손해야."

"그게 무슨 소리야?"

"엄마가 놀지 말라면 그런 줄 알아. 크면 다 알게 돼."

아이들은 또래집단에 소속되어 안정감을 얻는다

내 아이가 소중하니까 내 아이의 친구들도 좋은 환경 속에서 살고 있는 아이들과 사귀었으면 하는 것이 어머니의 욕심이겠지만, 앞의 사례에서처럼 욕심이 지나쳐 내 아이의 수준에 맞는 아이하고만 사귀게 한다면, 그 아이는 좋은 친구를 사귈 수 있는 기회를 얻지 못해 건전한 교우관계를 갖지 못하게 될 것입니다. 지나친 간섭으로 친구들과 어울리지 못하게 되면 외톨이가 되어 혼자 놀게 되는 가슴 아픈 일이 생길 수도 있습니다.

아이들은 그들 자신의 문화를 함께 나눠 가질 수 있는 동년배 집단에 소속됨으로써 비로소 정서적으로 안정감을 얻게 되어 건전하게 성장하게 되는 것인데, 이렇게 또래집단에 끼지 못하고 겉돌게 된다면 이 아이의 장래를 걱정하지 않을 수 없습니다.

친구와 어울리지 못하는 원인은 무엇인가?

친구를 사귀지 못해 또래집단에서 외톨이가 되는 원인에는 여러 가지가 있겠으나, 대부분의 경우 다음 몇 가지로 요약할 수 있습니다.

❶ 열등감이 심한 아이는 친구들과 어울리지 못합니다. 다른 아이들과 비교해 볼 때 신체적 결함이 있거나 학업성적이 좋지 못하면 어울릴 수 없다고 스스로를 낮춰 친구와 어울리려고 하지 않는 아이들도 있습니다. 또 가정이 너무 가난해서 친구를 사귀지 않는 경우도 있습니다. 모두가 열등감 때문에 친구들과 담을 쌓고 지내려는 것입니다.

❷ 부모의 지나친 간섭 때문에 친구들과 어울리지 못합니다. 가정에서 부모들이 아이들 세계에 시시콜콜 간섭하게 되면 곤혹감을 느껴 그 번거로움에서 벗어나고자 아예 친구들을 멀리하여 어울리지 않습니다.

❸ 다른 친구들과 어울릴 기회가 없었기 때문에 친구들과 어울리지 못합니다. 어려서부터 다른 아이들과 어울려서 놀 기회가 없어 집안에서 한정된 어른들의 귀여움을 받으며 자란 아이들은 같은 또래 아이들의 문화를 접하지 못하여 다른 아이들과 어떻게 어울려야 하는지 몰라 외톨이가 되는 것입니다.

친구들과 어울리게 하려면 어떻게 해야 할까?

친구들과 어울리지 못하고 겉도는 아이들을 지도하기 위해서는 그 원인에 따라 지도 방법을 찾아야 합니다.

첫째, 심한 열등감에서 친구들과 어울리기를 회피하는 경우라면 열등감

<u>을 해소시켜 주는 일부터 해야 합니다.</u>

친구들과 비교하여 스스로 열등아라고 비하하는 아이들이 있는데, 이런 경우는 부모 스스로 아이를 대하는 태도에 문제가 없었는지 반성해보고, 그로 인해 열등감을 갖게 되었다면 이를 해소시켜 자신감을 갖도록 지도해야 합니다. 즉 아이에 대한 기대수준이 너무 높지 않았는지, 또 형제나 또래 아이와 지나치게 비교를 해서 아이를 위축되게 한 일은 없었는지 반성해볼 일입니다.

<u>둘째, 지나친 간섭으로 친구와 어울리지 못하는 경우에는 아이들이 자유롭게 어울려 활동하도록 도와주어야 합니다.</u>

부모는 아이들을 사랑하고 아끼는 마음에서 일일이 아이들 일에 간섭하려고 하지만, 이 같은 과잉보호는 결과적으로 친구들과 어울려 살아가려는 아이들의 길을 막아버리는 것과 같습니다. 따라서 부모는 간섭하려고 하지 말고 아이들이 자유롭게 어울려 활동하도록 도와주어야 합니다.

<u>셋째, 다른 친구들과 어울릴 기회가 없었을 경우에는 의도적으로 친구들과 어울릴 수 있는 기회를 마련해 주도록 해야 합니다.</u>

아이들과 어울려 활동할 수 있는 기회를 마련하기 위해서는 각종 캠프, 종교활동, 봉사활동 등에 참가하도록 도와주어야 합니다. 이를 통해 아이들은 또래 아이들의 세계를 이해하고 그들과 상호작용하는 방법을 학습하게 될 뿐만 아니라 사회성을 계발할 수 있는 좋은 경험을 할 수 있습니다.

5) 유혹과 위협에 맞설 수 있게 가치관 교육을 강화한다
_나쁜 친구들과 어울리는 아이

불량교우는 반사회적인 행동과 직결된다

자녀가 나쁜 친구들과 어울린다고 하면 부모로서는 큰 걱정이 아닐 수 없습니다. 친구란 누구보다도 많은 영향을 끼치게 되는 존재이기 때문에 나쁜 친구들과 어울리게 되면 자연히 아이가 나빠지게 되는 것은 분명한 사실입니다.

나쁜 친구들과 어울린다는 것은 곧 반사회적인 행동과 직결되기 때문에 주의깊게 살펴보아야 합니다. 물론 그들도 처음에는 단순히 친구들과 어울려 호기심에서 담배를 피워보고 술도 마셔보지만, 차츰 대담해지면서 각종 비행을 저지르게 되는 것입니다.

혼자서는 감히 할 수 없는 행동이라도 친구들과 어울리게 되면, 용기도 생기고 죄의식도 약해집니다. 그래서 그들은 여러 금지된 행동을 하면서 다른 데서 채우지 못하는 허탈감과 고독감을 메우며 부모나 기존 사회에 반항하는 것입니다.

나쁜 친구들과 어울리면서 모든 구속으로부터 해방감을 맛보며, 자기들 마음대로 할 수 있다는 데 대하여 일종의 자부심마저 느낍니다.

이들은 즉흥적이고 충동적인 감정표현과 행동을 서슴지 않습니다. 욕구충족의 방법이 단순하며 즉각적입니다. 성에 대한 표현이 과감해지고 순간적인 쾌락추구에 몰입합니다. 이처럼 순간순간의 쾌락에 매달리는 것은, 그만큼 자제력이 부족하기 때문이기도 하지만, 친구들과 어울리면서 얻는 만족감을 대신할 만한 것을 다른 곳에서 찾을 수가 없기 때문이기도 합니다.

나쁜 친구들과 어울리게 되는 원인은 무엇인가?

나쁜 친구들과 어울리게 되는 원인은 크게 환경적 요인과 가정적 요인 그리고 개인적 요인으로 나누어 생각할 수 있습니다.

❶ 환경적 요인으로는, 불건전한 주변환경의 영향을 받아 나쁜 아이들과 어울리는 경우입니다. 주변의 생활환경이 좋지 않은 지역에 살고 있으면 불건전한 사회적 여건과 불량청소년들의 횡포와 유혹의 손길이 항상 도사리고 있어 직·간접적으로 영향을 받아 자연히 나쁜 아이들과

어울리게 됩니다.

❷ 가정적 요인으로는, 밖으로 나돌다가 나쁜 친구들의 유혹으로 어울리게 되는 경우입니다. 가족의 무관심이나 몰이해는 자녀를 가정 밖으로 쫓아내는 결과를 가져옵니다. 가정이 적절한 보호와 사랑을 제공하지 못하면 가정 밖으로 나와 방황하다가 나쁜 친구들의 유혹에 빠져 그들과 어울리게 되는 것입니다.

❸ 개인적 요인으로는, 청소년들이 가치판단을 제대로 하지 못해 나쁜 친구들과 어울리게 되는 것입니다. 청소년들이 적절한 도덕적 판단력이나 태도가 제대로 확립되어 있지 않으면 유혹이 있을 때 그것을 물리치지 못하고 눈앞에 보이는 만족을 위해 순간적으로 범행을 저지르는 과오를 범하게 됩니다.

불량교우를 어떻게 지도할 것인가?

나쁜 친구들과 어울리는 경우라도 그 원인이나 행동양식 또는 비행 수준은 각기 다릅니다. 따라서 자녀가 왜 그들과 어울리게 되었는지, 또 어떤 방식으로 어울려 다니며 범행을 저지르고 있는지를 파악하고 그에 따른 적절한 조치를 취해야 합니다.

첫째, 환경적 조건이 좋지 않아서 자녀가 나쁜 친구들과 어울리고 있는 경우에는 환경을 바꿔보는 것도 바람직합니다.

자기 스스로는 그들로부터 벗어나고자 하는 생각이 있으나, 친구들의 끈질긴 위협을 거부할 수 없어서 그들에게 계속 끌려다니는 것이라면, 부모나 교사가 직접 아이들의 생활 속에 뛰어들어 그들로부터 격리시킴으로써 자녀를 보호할 방법을 찾아야 합니다.

그러나 그것보다도 중요한 것은 그들로부터 벗어나 가정과 학교로 다시 돌아왔을 때 일상적인 생활 속에서 자녀 나름대로 삶의 의미와 가치를 다시 찾게 해주는 일입니다.

이를 위하여 건전한 친구들과 사귈 수 있는 기회를 만들어 주거나 그가 가진 취미나 특기를 살릴 수 있는 여건을 만들어 주어 건전한 삶을 찾게 해주어야 합니다.

둘째, 가정적인 요인으로 나돌다가 나쁜 친구들과 어울리게 된 경우에는 우선 자녀가 마음 편하게 살아갈 수 있는 편안한 가정으로 만들어 주어야 합니다.

자녀가 집에서 안정감을 찾지 못하고 나돌게 된 그 불만이 무엇인지, 나쁜 친구들과 어울리면서 얻은 만족이 어떤 것인지를 대화를 통해서 확인하고 자녀의 욕구를 건전한 방향으로 충족시켜 줄 수 있는 방법을 서로 찾아야 합니다.

이때 부모는 자녀의 고민을 있는 그대로 수용하고 공감적으로 이해하려는 마음자세가 되어 있어야 합니다. 자녀가 저지른 행동이 부모를 매우 고통스럽고 당혹하게 만들었다고 할지라도 자녀는 그럴 수밖에 없는 이유가 있었을 것입니다.

따라서 부모는 자녀의 이런 사정을 충분히 헤아려 받아들이는 것 자체가, 아이에게 새로운 희망과 용기를 주어 새롭게 출발할 수 있는 계기가 되게 할 수도 있는 것입니다.

셋째, 개인적인 요인으로 가치판단을 제대로 하지 못해 불량한 친구들과 휩쓸리게 된 경우에는 자제력, 도덕성, 자아개념을 확립시켜야 합니다.

그들은 욕구충족에 대하여 참고 견디는 자제력이 없기 때문에 유혹을 물리치지 못하고 눈앞에 보이는 만족을 위해 순간적으로 범행을 저지른 것입니다. 더욱이 도덕적 판단력을 제대로 갖추지 못하고 있기 때문에 별로 죄의식도 느끼지 않습니다.

또한 대부분의 아이들은 자아개념이 부정적입니다. 그래서 그들에게는 미래에 대한 꿈도 없고, 자신에 대한 어떤 긍지나 자부심도 없으며 특별한 능력도 없습니다. 그러니 나쁜 친구들의 유혹에 빠져들기 쉽고 위협에 굴복하여 그들과 어울리게 되는 것입니다.

그러므로 부모는 일상생활에서 가치관 교육에 관심을 가지고 생활 속에서 옳고 그른 것이 무엇인가를 분명히 가르쳐 유혹과 위협에 당당히 맞설 수 있도록 교육해야 합니다.

6) 반항행동은 관대한 수용으로 해소된다
_반항적인 아이

얄미운 사춘기 반항

사춘기는 반항의 시기입니다. 툭하면 대들고 타일러도 얌전하게 말을 듣지 않습니다. 자녀는 모든 현상에 도전하고 부모는 무례한 말에 상처를 입습니다. 부모에게도 굉장히 힘든 시기입니다.

부모가 야단을 치면 지금까지와는 전혀 딴판으로 불쾌해 하거나 대답을 하지 않거나 아니면 '잔소리 좀 그만 해!' 하면서 반항하려 듭니다. 그런가 하면 부모가 질색으로 생각하고 있는 일들을 골라 하기라도 하듯이 속상한 행동을 서슴지 않습니다.

자식 기르는 데 있어 '착한 것'을 최고의 덕목으로 여기는 우리네 부모에게 순종은커녕 거스르기만 하려는 사춘기 자녀를 두고 몹시 당황하기 마련입니다. 갖은 수단을 다 해보고 꾸짖고 때려도 봅니다. 좋은 말로 타일러 보기도 합니다. 그러나 그럴수록 더욱 반항하려 듭니다. 어떻게 하면 좋을까, 반항기에 접어든 자녀를 둔 부모의 걱정이 태산 같습니다.

반항은 해로운 현상인가?

10대의 반항에 대하여 너무 실망할 필요는 없습니다. 10대 청소년들의 이 같은 행동은 성장하고 있다는 증거이며, 또 성장과정에 필연적이라 할 만큼 발생하기 쉬운 현상으로 누구나 한번쯤은 거쳐가는 자연적인 현상이기 때문입니다.

이제까지는 부모에 의존하고 살아왔지만 이 시기가 되면 한 사람의 독립된 인간으로 인정받고 싶어합니다. 이제 어린애가 아니라 어른 행세를 하고 싶지만, 그 요구가 현실적으로 잘 받아들여지지 않는 사실에 불만을 품게 되어 결국엔 그것이 반항의 형태로 나타나는 것입니다. 아이들은 이 같은 반항기를 통하여 자아를 확립하면서 자연스레 어른으로 성장하는 것입니다.

이렇듯 반항현상은 흡사 홍역처럼 아이들이 성장하면서 반드시 겪게 되는 하나의 과정입니다. 인간은 이러한 반항기를 거쳐야 하며 이러한 반항기를 거치지 않는 아이는 자아의 확립이 늦어지거나 의지가 약한 아이가 될 가능성이 있습니다.

독일의 심리학자 헷저는 2~5세 사이에 강한 반항기를 가진 아이와 그렇지 않은 아이를 각각 100명씩 청년기에 이르기까지 자세히 관찰해본 결과, 반항이 심했던 아이들 중 84%는 의지가 강하고 자기판단에 의해 일을 처리하는 젊은이로 성장한 데 반해, 반항하지 않은 얌전한 아이들 중 의지가 강한 어른으로 성장한 경우는 불과 23%에 지나지 않았으며, 그들 대부분은 자기 판단에 의해 일을 처리할 수 없는 의존형 인간이 되어 있었다는 것입니다.

이것으로 미루어 보면 반항현상은 결코 나쁘거나 해로운 현상이 아니며, 반항이 일어나는 것은 오히려 바람직한 현상이라고 할 수 있습니다.

반항하게 만드는 원인은 무엇인가?

흔히 10대 아이들의 반항에 대하여 '이유 없는 반항'이라고 말합니다. 정말 이유 없는 반항일까요? 어른들이 보기에 이유를 알 수 없는 반항일지라도 거기에는 분명 반항할 만한 이유가 있는 것입니다. 다만, 그 반항의 표출방법이 서툴러서 부모들이 이해할 수 없는 것입니다.

그들은 무엇인가 충족되지 않는 욕구를 느끼게 될 때 이를 적절하게 해결할 방법을 찾지 못한 채, 투덜댄다든지, 말대답을 한다든지 혹은 침묵을 지킨다든지, 도피한다든지 하는 밉살스런 행동으로 나타나기 때문에 '이유 없는 반항'으로 보이게 되는 것입니다.

반항의 원인은 사춘기 아이들의 변덕스러운 감정만큼이나 다양하게 나타나고 있습니다.

❶ 부모가 권위를 가지고 자녀를 강제하거나 억압할 때.

❷ 부모가 자녀의 적성이나 능력을 고려하지 않고 일방적으로 설정한 기대치에 도달하도록 강요할 때.

❸ 자녀들에게 모순된 훈육을 받아들이게 강요하거나, 부모가 일관성없는 태도를 보여줄 때.

❹ 부모가 자녀들에게 무조건 힐책, 모욕, 비난을 하거나, 또 인격적인 평등을 인정해주지 않을 때.

❺ 부모가 아이들의 내면세계에 대한 이해와 관심이 부족할 때.

❻ 어른들의 행동이나 하는 일이 자녀가 지니고 있는 가치기준에 비추어 볼 때 옳지 못한 것이라고 생각될 때.

❼ 이성관계에 대한 부모의 감독이 지나칠 때 등등.

반항적인 행동을 어떻게 지도할 것인가?

아이들이 반항적인 행동을 하게 되면 어른들은 몹시 당황하게 되고 또 그 체면과 권위를 유지하기 위해서 꾸중을 하거나 벌을 주는 것이 일반적입니다. 그러면 일부 아이들은 울분을 참으면서 그 꾸중과 벌을 참아내기도 하지만, 대개의 경우 아이들은 더욱 반항하며 대들게 됩니다.

그러면 어떻게 하면 좋을까? 이럴 때는 강요보다는 한 발 물러서서 자기 나름의 인생을 살도록 밀어주는 것이 중요합니다.

앞에서 지적했지만 어느 정도의 반항현상은 사춘기의 급격한 인격발달 과정에 있어 부득이한 마찰이라고 이해하고 관대하게 수용하는 것이 상책입니다.

만약 아이들의 반항에 대하여 어른들이 이를 관대하게 수용하게 된다면 그 순간 이 행동은 이제 어른들에 대한 반항이 아니라 단순히 자신들의 감정과 의견을 강력하게 표현하는 것에 지나지 않는다는 것으로 받아들여서 문제해결에 쉽게 접근하게 되는 계기가 됩니다. 따라서 관대한 수용은 반항적 행동을 지도하는 출발점이자 효과적인 기법이 된다고 하겠습니다.

그럼 부모들은 어떤 마음가짐으로 지도해야 하는지 생각해봅니다.

첫째, 반항행동의 원인이 부모에게도 있다는 책임의식을 가지고 긍정적인 태도로 이해하고 수용해야 합니다.

반항적인 행동을 그 표면에 나타난 것만 가지고 판단하지 말고 왜 이러한 문제행동이 일어나고 있으며, 그 원인이 부모 자신에게도 있지 않을까 하는 책임의식을 가지고 보다 긍정적인 태도로 이를 이해하고 수용하려는 자세를 보여야 합니다.

둘째, 권위로 자녀를 훈육하려고 하지 말고 독립된 인격체로 인정해주고 그들의 권리를 존중해주어야 합니다.

특히 이 시기에 두드러지게 나타나는 욕구의 하나가 사회적 승인의 욕구이므로, 부모들은 권위나 지배로 자녀를 훈육하려는 자세에서 벗어나

하나의 독립된 인격체로 인정해주고 친화와 애정으로 그들의 권리를 존중해주는 진실성을 보여주는 것이 바람직합니다. 따라서 작은 일에는 간섭하지 말고 중요하지 않은 문제는 눈감아주는 아량이 있어야 합니다.

셋째, 반항은 일과성의 현상이므로 지나치게 반응하거나 무리하게 억제하지 않는 것이 바람직합니다.

반항현상에는 개인차도 있지만 대부분의 인간이 거쳐야 하는 과정이고 또 일정기간이 지나면 자연히 소멸되는 현상이므로 지나치게 반응하거나 무리하게 억제하려고 하지 않아야 합니다.

사랑과 이해로 상황에 따라 적절하게 대처하면 대개의 경우 아이들은 그런 고비를 아무 탈없이 무사히 넘기게 됩니다.

3. 행동상 문제아 지도 방법

1) 부모에게 사랑받는 아이는 가출하지 않는다

_가출하는 아이

둥지 등지는 10대

모든 비행의 첫걸음은 무단가출에 있다고 말하고 있습니다. 가출은 그만큼 비행의 계기가 될 수 있는 소지가 많기 때문에 부모로서는 많은 관심을 가지고 살펴보아야 합니다.

최근의 신문보도를 살펴보면 남의 일 같지가 않습니다. 한국청소년상담원에 의하면 13~18세 청소년 2,477명에 대한 상담에서 15%가 가출경험이 있는 것으로 조사되었습니다.

전문가들은 각종 통계자료를 감안해 볼 때, 가출 청소년 수가 연 10만 명이 넘을 것으로 추정하고 있으며, 이러한 현상은 앞으로 더 늘어날 것이라고 진단하고 있습니다.

설마 하니 내 아이에게 이런 일이 생길까 싶겠지만, 일부 청소년들을 중심으로 번지고 있어 자녀들에 대한 세심한 관심이 요구되고 있습니다.

왜 집을 나가게 되는가?

가출하게 된 동기는 여러 가지로 다양하게 나타나고 있습니다. 앞의 통계에서 나온 것을 보면 ❶ 가족 갈등이나 부모의 지나친 간섭이 싫어서(49%) 가출했다고 하고, 나머지는 ❷ 친구들과 놀기 위해(22%), 또는 ❸ 충동적으로(20%) 가출했다고 밝히고 있어 충격을 주고 있습니다.

그 다음으로 ❹ 공부에 대한 압박감, ❺ 나를 인정해주는 친구들과 같이 지내려고, ❻ 내 꿈을 펼치려고, ❼ 집안의 경제사정 등이 동기가 되어 가출하게 된 것으로 나타나고 있습니다.

그 밖에도 부모의 지나친 기대에서 오는 부담, 잘못에 대한 책망의 두려움, 부모의 이혼이나 잦은 싸움 같은 가정불화, 부모의 무관심이나 이해부족, 권위적이고 친화감이 없는 가정 분위기, 나쁜 친구의 꾀임, 불순한 이성교제, 가정빈곤, 도시생활에 대한 동경 등등 여러 경우가 있습니다.

어떻게 하면 가출을 예방할 수 있을까?

어떤 이유로 가출했던 간에 자녀가 실제로 집에서 나갔다면 상황은 이미 심각하게 진행된 것입니다. 자녀가 가출한 뒤 여러분은 참담한 좌절감에 빠지게 될 것이며, 아마도 중심을 잃고 죄책감을 느끼며 혼란스러워 할 것입니다. 우선 자녀의 안위에 대한 걱정과 두려움이 앞설 것이고, 다음은 자녀의 의견이나 감정에 진심으로 귀 기울이지 못했다는 후회와 자책감이 그리고 절망감이 여러분의 마음을 아프게 할 것입니다.

이렇듯 가출은 가정에 불행을 가져오는 엄청난 사건이 아닐 수 없습니다. 엎질러놓고 수습하는 것보다 사전에 막을 수 있는 방법을 강구해야 합니다. 그럼 어떻게 하면 예방할 수 있을까요?

가출은 따지고 보면 가정의 포용력이 부족한 데서 비롯되는 경우가 많습니다. 따라서 부모는 사춘기 자녀의 특성을 이해하고 자녀의 인격을 존중하고 사랑으로 감싸 안아줌으로써 가정 안에서 안정을 찾도록 하여 가출의 소지를 해소시켜 나가는 노력이 필요합니다.

그러기 위해서 부모가 특히 유의해야 할 도움말을 적어봅니다.

첫째, 부모와 자녀 간에 스스럼없이 자유롭게 대화를 나눌 수 있는 친화적인 분위기가 되어 있으면 가출하지 않습니다.

둘째, 부모는 자녀에게 사랑한다는 말을 자주 해줄 필요가 있습니다. 부모에게 사랑받고 있다고 생각하는 한 절대로 가정 밖으로 뛰쳐 나가지 않습니다.

셋째, 부모는 평소에 자녀에게 긍정적인 격려와 칭찬을 해주는 것이 서로의 정을 두텁게 하여 가출할 생각을 하지 않습니다.

넷째, 자녀의 능력과 희망을 이해하고 지나친 기대를 걸지 말아야 합니다. 능력이 부쳐서 도저히 부모의 뜻에 부응하지 못한다고 생각되면 자포자기하고 가출할 수밖에 없게 됩니다.

다섯째, 자녀의 행동을 지나치게 제한하거나 자녀의 의견을 무시하게 되면 자기의 뜻을 관철하기 위해 가출하게 됩니다.

여섯째, 가출을 예방하기 위해서는 평소 자녀들의 교우관계를 잘 살피고 파악해 두는 것이 중요합니다. 사춘기에는 친구가 부모보다 중요하고 부모의 충고보다는 친구의 의견에 따라 행동을 결정하는 경향이 있으므로, 또래집단의 영향을 받지 않도록 주의를 기울여야 합니다.

집으로 돌아왔을 때 어떻게 대해야 할까?

아이가 집으로 돌아오면 일단 사랑으로 감싸 안아주어야 합니다. 섣불리 윽박지르거나 잘못을 추궁하게 되면 다시 집 밖으로 내몰게 됩니다. 그렇다고 무조건 수용하라는 뜻은 아닙니다.

마음이 어느 정도 안정이 되었을 때, 조용히 가출의 동기나 가출 후의 생활 등에 대해서 서로가 터놓고 이야기를 나누는 것이 바람직한 방법이 될 것입니다.

　다시 가출하지 않게 하려면 부모와 자녀가 서로 잘못을 뉘우치고 개선할 수 있는 노력을 해야 합니다. 부모는 넓은 아량과 인내심을 가지고 자녀를 이해하려고 노력하고 자녀를 설득해서 바람직한 방향으로 서로가 받아들일 수 있는 방법을 찾아야 합니다.

2) 아이에게 도둑놈이라는 딱지를 붙여줘서는 안 된다
_도벽이 있는 아이

바늘 도둑이 소 도둑 된다

아이들이 잘못을 저지르고 있는 것 가운데 가장 많은 비중을 차지하고 있는 것이 좀도둑질입니다. 유치원이나 그 이전에 저지르는 좀도둑질은 아직 '나의 것, 남의 것'에 대한 소유 개념이 분명하게 서 있지 않은 상태에서, 단순한 호기심이나 부러움 때문에 순간적인 충동에서 이루어지는 것이므로, 심리적인 관점에서 볼 때 이런 행위를 가지고 지나치게 범죄시할 필요는 없을 것 같습니다.

그러나 좀도둑질은 작은 일같이 보이지만, 이것이 반복되고 습관화되면 큰 범죄로 발전할 수 있는 나쁜 버릇이기 때문에 옛부터 크게 경계해 왔습니다. '바늘 도둑이 소 도둑 된다' 는 속담도 바로 이래서 생겨난 것입니다. 어려서 그러려니 하고 가볍게 생각하고 내버려 두어서는 안 되는 이유가 여기에 있습니다.

왜 훔치게 되는가?

훔치기에는 여러 가지 경우가 있는데 어떻게 해서 훔치게 되는지 그 원인을 살펴보기로 합니다.

❶ 필요한 물품이 부족할 경우 : 가정의 경제적인 어려움으로 다른 아이는 다 가지고 있는 것을 갖고 있지 못할 때, 부러워한 나머지 훔치게 됩니다.

❷ 장난삼아 훔치는 경우 : 무엇을 갖고 싶다는 소유욕 때문이라기보다 장난삼아 여럿이 모여 훔치기 놀이를 하는 경우입니다. 참외밭을 지나다가 참외 한두 개쯤 훔쳐 달아나는 것이 이에 해당됩니다.

❸ 나쁜 친구의 위협에 못이겨 훔치는 경우 : 깡패 같은 나쁜 아이의 협박에 못 이겨 원치 않는 훔치기를 하는 경우인데, 시키는 대로 하지 않으면 폭력을 가하므로 할 수 없이 그들의 똘마니가 되어 시키는 대로 훔치기를 하게 됩니다.

❹ 환경이 나빠서 훔치는 행위를 유발하는 경우 : 가족 중에 범죄자가 있거나 우범지역 같은 부도덕한 분위기에 싸여 있으면 자연히 이에 물들게 되어 훔치기를 하게 됩니다.

❺ 계획적으로 도둑질하는 경우 : 불량한 친구들과 어울려서 남의 물건을 의도적으로 훔치는 것인데, 이것은 좀도둑질이 아니라 완전한 도둑질이며 나쁘다는 것을 다 알고 하는 경우입니다. 혼자서 하는 경우도 있지만, 몇몇 불량배 아이들이 작당을 해서 역할을 나누어 훔치는 악질적인 절도행위로 대개의 경우 유흥비로 탕진하는 가장 경계해야 할 비행입니다.

이 밖에도 남의 관심을 끌기 위해, 스릴감을 체험해보려고, 또 부모에게 복수하기 위해서 훔치는 등 여러 가지 원인이 있습니다.

도벽행위를 어떻게 지도할까?

자녀가 물건을 훔치다가 잡히면, 부모는 무척 곤혹스럽고 절망과 분노마저 느끼게 될 것입니다. 하지만 두려움에 떨고 있는 자녀를 우선 따뜻한 사랑으로 감싸 안아주어야 합니다.

아이들의 훔치는 행위는 정서적으로 불안해서 저지르는 경우가 많은데, 부모마저 가혹하게 꾸짖거나 윽박지르면 아이를 불안하게 만들어 오히려 역효과가 생길 뿐만 아니라 더욱 심각한 문제가 생길 수도 있습니다.

이런 훔치기 행위는 비행성이 아니라면 대개의 경우 정서적인 안정만 회복되면 자연히 없어지기 마련입니다. 온가족이 관심과 애정을 가지고 따뜻하게 대해준다면, 그것만으로도 아이들은 훔치기뿐만 아니라 다른 문제 행동도 고쳐 나갈 수 있습니다.

그럼 어떻게 지도해야 할지 일반적으로 부모가 유의해서 지도해야 할 사항을 몇 가지 생각해보기로 합니다.

첫째, 물건을 훔치다 붙잡혀 있을 때 우선 부모는 따뜻한 마음으로 위로해 주고 마음을 안정시켜 주어야 합니다.

어떻게 해서 그런 일을 저지르게 되었는지 그 동기와 과정을 알아내야 하지만, 진솔한 대화를 통해 스스로 자기 잘못을 고백하도록 해야 합니다. 가장 중요한 것은 자녀가 그렇게 될 수밖에 없었던 사정을 근원적으로 제거해주는 일이 효과적인 치유방법입니다.

둘째, 자녀를 지도함에 있어 어떤 경우에도 아이를 절대 도둑놈 취급해서는 안 됩니다.

자녀에게 도둑놈이라는 딱지를 붙여줌으로써 심한 수치심을 유발하게 하여 자포자기해서 그런 행동을 되풀이하게 해서는 안 됩니다.

셋째, 철이 없어 남의 물건을 가져왔을 경우 나쁘다는 것을 분명히 밝히고 타이른 후 되돌려주고 사과하도록 합니다.

훔쳐온 물건을 되돌려주고 본인으로 하여금 사과하도록 하는 것이 가장 좋은 방법입니다. 그러나 처음 잘못했을 때 호되게 야단을 쳐서 그런 생각을 하지 못하도록 엄하게 타일러야 합니다.

넷째, 훔치는 행위를 원천적으로 차단하려면 자녀가 필요로 하는 기본적인 욕망을 될 수 있는 한 충족시켜 주어야 합니다.

훔치기에 대한 유혹을 원천적으로 차단하기 위해서는 아이들이 일반적으로 가지고 있어야 할 물건이나 기본적인 욕망을 총족시켜 주되 철저한 지도로 재발하지 않도록 세심한 주의를 기울여야 합니다.

3) 애정 속에서 자란 아이는 거짓말을 하지 않는다
_거짓말을 자주 하는 아이

이제 그 애를 믿을 수가 없어요

어느 어머니가 상담교사를 찾아와 하소연합니다.

"애가 요즘 무척 걱정이 됩니다. 학교에도 빠지고 성적도 엉망이고 집에도 늦게야 돌아옵니다. 하도 답답해서 야단을 쳤더니 울면서 그간의 사정을 말하더군요. 눈물을 흘리며 말하는 딸의 말을 믿었습니다. 딸의 사정도 모르고 다그친 것 같아 미안한 마음까지 들더군요. 그런데 그게 아니었습니다. 나중에 알고 보니 모두가 거짓말이었습니다. 이제 그 애를 믿을 수가 없어요. 그 애의 말은 과연 어떤 것이 진짜이고 어떤 것이 가짜인지 모르겠습니다. 자식을 못 믿고 살아야 하니 우선 제가 미칠 것 같습니다.

애가 거짓말하는 것도 괘씸하지만, 그것보다 이 거짓말이 다른 나쁜 짓을 하는 조짐일까 봐 걱정입니다."

거짓말한다고 무조건 나쁜 아이로 단정하지 말라

믿고 있던 자녀가 거짓말을 일삼고 있다는 사실을 알게 되면 부모된 입장에서는 앞의 사례에서 보는 바와 같이 억장이 무너지는 심정이겠지만, 그것을 바로잡기 위해서는 무엇보다도 자녀가 왜 거짓말을 해야 했는지 그 원인부터 알아내야 합니다.

그러나 거짓말을 한다고 무조건 나쁜 아이로 단정하지는 말아야 합니다. 비록 아이가 한 일이 결과적으로 부모에게 걱정을 끼치게 되었지만, 그 동기나 과정을 살펴보면 오히려 부모가 미처 자녀를 살펴보지 못한 책임도 있을 수 있기 때문입니다.

우리는 거짓말을 매우 악의적인 행동으로 규정짓고 있지만, 아이들의 경우는 반드시 그런 것만은 아닙니다. 경우에 따라서는 아무 생각도 없이 선의의 거짓말을 하게 되는 수도 있습니다. 대답이 궁해서 엉겁결에 거짓말을 하게 될 수도 있고 망설일 때 적절한 언어표현의 방법을 찾지 못해 둘러대다가 거짓말을 하게 되는 수도 있습니다.

이처럼 아이들의 거짓말은 그 시작이 지극히 사소한 사례에서 생기는 경우가 많습니다. 이런 것을 미루어 생각하면 거짓말을 했다는 사실만을 가지고 문제시하여 일률적으로 심하게 꾸중하거나 벌을 주게 되면 오히려 역효과가 날 수도 있습니다.

따라서 지도할 때에는 어떠한 사태에서 또 어떠한 심리적 상황에서 생긴 것인가를 잘 살펴보고 난 뒤에 지도를 시작해야 할 것입니다.

왜 거짓말을 하게 되는가?

아이들의 거짓말은 단순하고 우연한 거짓말이 있는가 하면, 심리적인 문제를 야기할 수 있는 병적인 거짓말에 이르기까지 다양한 양상을 보입니다.

❶ 벌을 받게 될까 봐 두려워서 거짓말을 하는 경우가 있습니다. 가장 흔한 형태의 거짓말로 자기가 한 행동의 결과 때문에 벌을 받게 될 것이 두려운 나머지 거짓말을 하게 되는 일종의 방어적인 성격의 거짓말입니다.

❷ 부모의 기대에 어긋난 일을 했을 때 거짓말을 하는 경우입니다. 부모의 기대치를 잘 알고 있는 아이가 자기의 능력으로는 도저히 그 기대에 부응할 수 없다고 생각되면 본의 아니게 거짓말을 하게 됩니다.

❸ 가족을 본받아 거짓말을 하는 경우가 있습니다. 부모와 형제들이 일상적으로 거짓말을 하는 경우 자연히 거짓말하는 버릇을 닮아가게 됩니다. 이런 가정 분위기에서 자란 아이들은 거짓말을 해도 괜찮은 것으로 생각하고 아무런 가책도 없이 거짓말을 하게 됩니다.

❹ 사실을 숨기기 위해 거짓말을 하는 경우입니다. 사실을 말하면 문제를

복잡하게 만들 수도 있기 때문에 거짓말을 하는 경우입니다. 거짓말을 하는 것이 솔직하게 말하는 것보다 유리한 결과를 가져온다고 생각하기 때문입니다.

❺ **병적으로 거짓말을 하는 경우입니다.** 가장 문제가 되는 거짓말인데, 자꾸 거짓말을 하면 나중에는 버릇이 되어 쓸데없는 일에도 아무렇지도 않게 거짓말을 하게 되는 경우입니다. 이런 아이들은 일반적으로 깊은 정서적 갈등을 가지고 있어, 때로는 여러 가지 형태의 범죄와 연결되는 등 고치기가 힘든 거짓말쟁이가 되는 것입니다.

이 밖에도 친구를 감싸주기 위해서, 잘못을 남에게 돌리기 위해서, 자기 자랑을 과장하기 위해서, 열등감을 숨기기 위해서, 부모에 대한 반항심에서 일부러 거짓말을 하는 등 거짓말을 하는 양상은 다양하게 나타납니다.

거짓말을 하지 않게 하려면 어떻게 지도해야 할까?

그럼 아이들이 거짓말을 하지 않게 하려면 어떻게 지도해야 하는지 부모로서 유의할 점 몇 가지를 적어봅니다.

첫째, 거짓말을 하지 않게 하려면 가정 안에서 서슴없이 털어놓고 말할 수 있는 허용적인 분위기를 만들어 주어야 합니다.
서슴없이 털어놓고 말할 수 있는 분위기 속에서 자란 아이들은 어른에게 거짓말을 할 필요가 없습니다. 반대로 가정 분위기가 억압적이고 사소한 잘못에 대해서도 관대하지 못하면, 아이는 자신의 잘못에 대하여 정직하기 어려울 것입니다. 실제로 벌을 받게 되거나 매 맞을 것이 확실하면, 그 아이는 우선 벌과 매를 피하기 위해서라도 거짓말을 하게 됩니다.

둘째, 아이들에게 너무 엄격하게 대할 것이 아니라 너그럽게 대해줌으로써 아이가 거짓말을 할 필요가 없게 해야 합니다.

아이들의 거짓말에 대해 너무 엄하게 꾸짖으면 아이는 또 다른 거짓말을 하게 됩니다. 아이를 윽박지르거나 야단을 칠 것이 아니라 너그럽게 대해줌으로써 아이로 하여금 거짓말을 할 필요가 없게 해주는 것이 가장 현명한 지도 방법이 될 것입니다.

셋째, 아이가 거짓말을 하고 있지 않나 하는 의심이 들 때, 확실한 근거도 없이 단정적으로 '네가 거짓말을 하고 있다'는 식으로 넘겨짚거나, '왜 사실대로 말하지 않느냐?'며 범인취급을 해서는 절대로 안 됩니다.

사실은 그렇지 않는데도 부모로부터 나쁜 아이로 낙인 찍힌 아이는 분노를 느끼게 될 것이며 부모를 신뢰하지 않게 될 것입니다. 그래서 아이들에 대한 부모의 대응은 언제나 신중해야 합니다.

넷째, 거짓말하지 않는 가정의 교육적 환경이 되어 있는지 자성할 필요가 있습니다.

교육은 일종의 모방에서 시작됩니다. 어린아이가 어머니의 입 모양을 보고 말을 배우듯이 아이들은 커가면서 부모의 표정에서 희로애락의 감정을 읽으며 어른의 모습을 보면서 행동양식을 배우게 됩니다. 모범을 보이는 것이 최상의 교육이라고 할 수 있습니다.

이런 점에서 우리 가정의 교육적 환경은 어떤지 살펴보아야 합니다. 거짓말하지 말라고 하면서 어른이 아무 생각 없이 거짓말하는 모습을 보이면 아이들은 그것을 그대로 따라 하게 됩니다. 거짓말도 결국 가정의 분위기나 부모의 양육방식에 기인한다고 볼 수 있습니다. 그러므로 부모들은 자신들의 모습이 좋지 못한 본이 되고 있지는 않은지 자성할 필요가 있습니다.

4) 술·담배는 인생을 망가뜨리는 독성약물이다
_음주·흡연을 하는 아이

목숨을 갉아먹는 술과 담배

호기심이 많은 사춘기의 아이들이 가장 하고 싶어하는 행위 중의 하나가 흡연과 음주입니다. 요즘처럼 개방적이고 허용적인 사회 분위기에서는 손쉽게 술·담배를 접할 수 있어서 남녀를 막론하고 10대의 흡연과 음주는 날로 늘어가는 추세입니다.

예전의 흡연·음주 문제는 주로 고등학교 남학생 사이에 있는 문제였는데, 요즘은 성별도 없어졌을 뿐만 아니라 초등학교에서도 찾아볼 수 있는 문제로 확대되었습니다.

10대들의 흡연·음주는 그들의 건강과 학업 등 성장발달에 심각한 악영향을 줍니다. 전문가들은 술과 담배가 마약을 향한 첫걸음일 수 있다는 부모의 걱정을 뒷받침해주고 있습니다. 정말 이대로는 안 되겠다는 적극적인 생각을 가지고 지도에 임해야겠습니다.

술·담배는 인체에 어떤 해독을 끼치는가?

담배에는 니코틴이라는 중독성 약물이 들어 있습니다. 담배 한 개비에는 니코틴산 70분의 1방울 분량이 들어 있는데, 이 니코틴 한 방울을 섭취하면 사람은 그 독성 때문에 죽고 맙니다. 그러니까 한 번 담배를 피울 때마다 몸 속에 아주 조금씩 독을 부어대고 있는 것입니다.

더욱이 담배에 중독되면 좀처럼 끊을 수가 없습니다. 우리 주변에는 뒤늦게 담배의 해독을 깨닫고 금연을 시도하다가 실패한 어른들이 많습니다. 그만큼 니코틴은 굉장한 해독을 끼치는 약물입니다.

또 술은 사람의 뇌세포를 파괴하는 약물입니다. 많이 마시면 마실수록 더 많은 뇌세포가 파괴되는 약물입니다. 이 뇌세포는 한번 망가지면 다시 회복되지 않습니다.

더욱이 술에 중독되면 담배 못지않게 끊기가 어렵고, 또 심각한 후유증에 시달리게 됩니다. 간이 나빠지는 신체적 질환에다가 술로 인하여 기억력이나 사고력이 감퇴되고 자기 통제력이 약화되며 감정을 억제하지 못하는 등 정신장애를 가져옵니다.

술·담배를 하게 되는 동기는 무엇인가?

아이들은 술·담배를 성숙의 상징으로 여기고 있기 때문에 어른이 되고 싶다는 욕구로 분별없이 유혹에 빠져들게 됩니다. 유혹이 많은 것처럼 술·담배를 하게 되는 동기도 다양합니다.

❶ 우연한 계기에 단순한 호기심에서 장난삼아 한두 번 술·담배를 입에 대게 된 것이 동기가 된 경우가 있습니다.
❷ 또래집단에서 한 일원으로 인정받기 위해, 또는 친구들의 유혹과 압력 때문에 계속 하게 된 경우입니다.
❸ 가정불화나 부모와의 갈등으로 자신이 받는 심리적 압박감에서 해방되려고 하게 되는 경우도 있습니다.
❹ 어른들의 권위에 대한 울분과 반항심을 달래기 위해서 술을 마시게 되기도 합니다.
❺ 기분 내기 위해서, 지루하고 심심해서, 혹은 체중을 줄이려고 술·담배를 입에 대는 아이들도 있습니다.

술·담배를 피하게 하려면 어떻게 해야 할까?

많은 부모들은 설마 내 아이가 하는 생각으로 자녀의 흡연과 음주가 상당기간 계속될 때까지 모르고 지냅니다. 그러나 그 사실을 조금만 주의해서 살피면 비교적 알아내기 쉬우므로, 초기에 발견하여 적절한 조치를 취하도록 해야 합니다.

　왜 금연·금주를 해야 하는지 설명해주는 것도 좋은 방법이지만, 무엇보다 중요한 것은 왜 담배를 피우고 술을 마시게 되었는지 그 근본 원인을 규명하여 근원적으로 치료하는 것이 바람직한 방법입니다.

　그러면 어떻게 해야 이에 빠져들지 못하게 예방할 수 있는지 또 이미 빠져들었다면 어떻게 해야 하는지 살펴보기로 합니다.

　<u>첫째, 어린 나이에 일찌감치 쓴맛을 보게 하여 호기심을 없애줍니다.</u>
　아이들이 술·담배에 빠져들지 않게 하기 위해서는 아주 어렸을 때 술·담배의 쓴맛을 보게 하면, 커서도 어릴 때 경험한 쓴맛을 쉽게 잊어버리지 않는 것이므로, 한두 번 쓴맛을 경험해 보게 하면 호기심도 사라지고 이에 빠져들 우려가 적어지는 것이 사실입니다.

　<u>둘째, 술·담배가 인생에 끼치는 해독을 일찍부터 교육합니다.</u>
　주변에서 술·담배로 인하여 패가망신한 사람들의 사례를 들려주거나, 니코틴과 알코올로 인해 생기는 신체적·정신적 질환의 실상을 바르게 알도록 일깨워 주면, 아주 효과적이어서 커서도 가까이하지 않게 됩니다.

　<u>셋째, 일시적인 흡연·음주 행위라도 방관해서는 안 됩니다.</u>
　10대들은 소풍, 수학여행, 캠핑, 생일파티 등 우연한 계기에 들뜬 분위기에 휩싸여 술·담배를 입에 대는 경향이 있습니다. 이럴 때 평소 문제가

없었던 아이들도 분위기에 휩쓸려 한두 번쯤 경험해 보기 마련입니다.

그러나 이것이 계기가 되어 한두 번에 끝나지 않고 습관적으로 하게 될 염려가 있으므로, 비록 일시적인 장난으로 하는 행위라 해도 이에 휩쓸리지 않도록 사전·사후에 교육할 필요가 있습니다.

<u>넷째, 흡연·음주 행위의 원인을 찾아내는 것이 근본치유책이 됩니다.</u>

흡연이나 음주도 그럴 만한 이유가 있어서 한 것이므로, 이들이 그렇게 된 심리적 갈등의 원인이 무엇인가를 알아내는 것이 이를 해소시켜 주는 근본적인 치유방법입니다.

<u>다섯째, 중독이 되었을 때에는 공동으로 어려움을 극복해야 합니다.</u>

담배와 술에 중독되면 쉽게 끊기가 어렵습니다. 부모는 자녀가 중독에서 벗어날 수 있도록 따뜻한 손길로 모든 뒷받침을 해주어야 합니다. 또 끊기 어려워할 때 심정적으로 공감해주고 좌절하지 않도록 격려해주고 용기를 북돋아주어 잘 극복할 수 있도록 도와주어야 합니다.

무엇보다 중요한 것은 아이들에게만 끊으라고 말하기보다는 어른들이 먼저 끊는 모범을 보여주는 것이 효과적입니다. 이것이 자녀들에게 흡연이나 음주를 못하게 하는 최선의 방법입니다.

5) 약물남용의 피해실태를 교육시켜 예방에 힘써야 한다
_약물을 남용하는 아이

두려워해야 할 약물남용

　10대 사이에서 환각상태를 경험하려는 청소년의 무분별한 흡입제 사용이 심각한 수준에 이르고 있습니다. 보도에 의하면 5명 중 한 명꼴로 환각상태에 빠져들기 위해 각종 화학성분이 함유된 흡입제를 코 또는 입으로 빨아들인 경험이 있는 것으로 드러났습니다.
　청소년들의 이 같은 약물남용은 그들의 신체적·정신적 발달에 악영향을 미치게 하는 것은 말할 것도 없고, 약물 사용으로 인해 생기는 사회적 문제나 생명의 위협도 심각하며, 더욱이 약물중독 가능성이 크기 때문에 문제가 심각합니다.

청소년들은 단순한 호기심에서 시험삼아 사용하는 경향이 있으나, 이것을 흡입하면 일시적인 흥분과 몽롱한 기분, 망상, 환각 같은 병리작용으로 고통을 잊게 하고, 혹은 능률을 높여주고, 혹은 사람의 기분을 쾌적하게 하는 효능 때문에 쉽게 중독현상에 빠지게 됩니다. 상습적인 환각상태에 빠지게 되면 자신의 통제력이 마비되면서 강도, 강간, 매춘 등의 행위로 집단범행을 저지르게 됩니다.

이들이 주로 사용하는 것은 히로뽕, 대마초, 본드, 부탄가스 등 환각상태를 불러오는 화학제품인데, 이것을 흡입할 경우 단기적으로는 호흡곤란, 어지럼증, 두통, 심장박동 증가 등의 현상이 나타나며, 장기적으로 사용할 경우 뇌기능을 저하시키는 것은 물론 신경세포와 심장·폐 기능이 손상되는 등 인체에 심각한 악영향을 주게 되어 정상적인 생활에 장애가 된다고 경고하고 있습니다.

왜 약물남용에 빠지게 되는가?

청소년기에는 새로운 경험을 얻기 위한 호기심이나 정서적인 변화가 심해 많은 유혹과 갈등과 외로움을 겪는 시기입니다. 이 시기에 이를 잘 극복하지 못하게 되면 순간적이 쾌락과 현실도피수단으로 약물을 남용하게 됩니다. 그럼 어떤 과정으로 약물남용에 빠지게 되는가를 살펴보기로 합니다.

❶ 환각상태를 경험해보고 싶다는 단순한 호기심으로 시작하게 되는 경

우가 가장 많습니다.
❷ 공부가 잘 안 될 때 또는 밤새워 시험공부를 할 때 졸음이나 피로감, 권태에서 벗어나려고 약물을 사용합니다.
❸ 부모의 기대치가 높아 이에 따르지 못하게 되면 그 좌절에서 벗어나려고 평상시 얻을 수 없었던 강한 의지와 자신감을 얻는 것 같은 약물에 의존하고자 사용하게 됩니다.
❹ 질병에 의한 고통이나 불안에서 벗어나려고 약물남용에 빠져들게 됩니다.
❺ 불량선배나 친구의 유혹이나 강요에 못 이겨 빠져들게도 됩니다.

약물에 중독되면 어떤 후유증이 생기는가?

약물에 중독되면 면역기능이 저하되어 육체적·정신적 합병증을 유발하여 그 후유증이 매우 심각합니다. 그 중요한 후유증을 살펴봅니다.
❶ 청소년이 쉽게 사용할 수 있는 본드나 부탄가스의 경우, 호흡기 질환, 축농증, 만성기관지염, 폐렴 등의 후유증을 낳습니다.
❷ 여러 사람이 같은 주사기를 사용함으로써 정맥염, 혈전증, 급성간염, 피부염 등의 감염이 우려됩니다.
❸ 정신적인 후유증으로는 신경전도물질의 조절기능에 이상이 생기면서 심한 우울증, 불안발작, 피해망상, 환각자살 등 정신분열증과 흡사한 증세를 일으킬 수 있습니다. 또 인격변화의 가능성도 있습니다.

약물남용의 예방과 대책은 무엇인가?

약물남용을 어떻게 예방할 것인지 또 확인되었을 때 어떻게 대처할 것인지 생각해보기로 합니다.

❶ 옷소매에 핏자국이 있거나 휘발성물질 냄새가 나거나 흡연 파이프 또는 알약, 캡슐 등을 가지고 다니지 않는지 살펴봐야 합니다.
❷ 방문을 닫고 혼자 있기를 원하거나 눈동자가 풀려 보이거나 분명치 않은 발음으로 횡설수설하는 등 행동에 변화가 보이면 약물남용을 하고 있는 징조로 알고 확인해 보아야 합니다.
❸ 약물남용에서 오는 후유증과 피해실태를 사전에 교육시켜 이에 접근할 기회를 갖지 않도록 예방에 힘써야 합니다.
❹ 약물남용의 증거를 확인하게 되면, 약물남용에 빠지게 된 그 원인부터 파악하여 적절히 대처하되, 중독증상이 심하면 전문의의 도움을 받아 치료하도록 합니다.
❺ 부득이한 경우에는 불량한 친구들과 다시 어울리지 않도록 전학이나 이사를 해서라도 생활환경을 바꿔주는 것이 바람직합니다.
❻ 약물남용에서 벗어날 수 있도록 하기 위해 자기가 하고 싶은 취미활동을 적극 권장하여 이에 몰두할 수 있게 함으로써 새로운 삶을 영위해 나가도록 지도합니다.

6) 왕따를 당하지 않도록 적극대응하는 방법을 강구한다

_집단따돌림을 당하는 아이

집단따돌림(왕따)의 비극

몇 년 전 미국 캘리포니아 주 샌디에고에 위치한 어느 고등학교에서 학생 2명이 살해되고 13명이 부상을 당한 끔찍한 총격사건이 일어났습니다. 이 사건은 교육계와 학부모에게 경악에 가까운 충격을 주었습니다. 그런데 체포된 범인은 이 학교 1학년생이었습니다. 더욱 놀라운 것은 그가 일정한 범행대상도 없이 무차별적으로 총격을 가했다는 사실입니다.

이 사건이 발생하자 이해하기 힘든 이 행동에 대한 분석기사들이 줄을 이어 발표되었는데, 대체로 모아지는 결론은 이 학생의 불안정한 가정형편과 그에 따른 학교에서의 왕따가 주요원인이었다는 것입니다.

실제로 이 충격사건을 일으킨 학생은 어린 시절 부모가 이혼하는 바람에 혼자서 외롭게 자랐으며, 그래서인지 유난히 마른 체구를 가지고 있었으며, 그 때문에 학교에서 놀림과 왕따를 당했다고 합니다.

그것으로 미루어 볼 때 그 사건은 단순히 순간적인 충동에 의한 것이라기보다는 지속적으로 왕따를 당하면서 쌓였던 분노가 폭발한 것으로 보여집니다. 왕따가 몰고 온 비극은 이것뿐이 아니라 등교거부에서 시작해서 극단적으로는 자살에까지 이르게 되는 심각한 양상으로 번지고 있습니다.

이제 왕따 문제는 당사자 개인의 문제에서 벗어나 더 이상 방치할 수 없는 사회적인 문제로 발전하고 있습니다. 보다 진지한 관심과 대책이 있어야 할 시점에 와 있습니다.

집단따돌림 어디까지 왔는가?

흔히 왕따로 불리우는 집단따돌림이란 학교에서 급우들이 어느 특정한 아이를 집단적으로 따돌리는 일종의 집단폭력을 말합니다. 한 명이 괴롭혀도 억울한데 집단으로 따돌림을 당한다면, 그것은 혼자서는 도저히 감내할 수 없는 고통스러운 형벌이 아닐 수 없습니다. 아무런 잘못도 없이 급우들로부터 외면당하고 말조차도 걸어오지 않는 외톨이로 만든다면, 그처럼 숨막히는 형벌은 없을 것입니다.

「왕따 리포트」에 의하면 학생 5명 가운데 1명은 왕따를 당한 적이 있고, 왕따를 당한 학생의 대부분이 매일 불안에 떨고 있거나 학교생활에 적응하지 못하고 등교거부 또는 전학을 희망하고 있으며, 심지어는 정신과 치료를 받거나 자살을 시도한 것으로 보고되고 있습니다.

문제는 아무런 이유도 없이 친구를 괴롭히면서도 별다른 죄책감을 느끼지 못하는 또래집단에 의해 선량한 학생들이 무참히 짓밟히고 그의 인생이 엉망이 되어버린다는 데 있습니다.

어떤 아이들이 왕따가 되는가?

예전에는 학급에서 선생님으로부터 귀여움을 받거나 칭찬을 받는 아이들이 따돌림을 당했으나, 요즘의 따돌림은 병약한 아이, 신체적 장애가 있는 아이, 심지어는 무료급식을 받는 가난한 아이 등 약자까지 상대로 삼고 있다고 합니다. 언제부터 우리 사회가 이처럼 황폐하고 살벌해졌는지 끔찍합니다. 무엇이 그들의 인간성을 그렇게 말살했는지 시대의 황폐라고 하기엔 너무도 심각합니다.

그럼 어떤 아이들이 왕따를 당하고 있는지 살펴봅니다.

❶ 남보다 잘났다거나 멋진 옷을 입고 으시대며 잘난 체하는 아이.
❷ 지능이 낮아 바보, 멍청이로 취급되거나 말을 더듬는 아이.
❸ 신체가 허약하거나 외모가 열등한 아이.
❹ 자기만 생각하는 이기적인 아이.
❺ 엄마의 치맛바람이 심한 아이.
❻ 차림새가 꾀죄죄하거나 깔끔 떠는 아이.

이 밖에도 사회성이 부족한 아이, 가난한 아이, 눈치가 없는 아이, 불량서클 리더에게 밉보인 아이 등 다양한 모습의 아이들이 왕따의 대상이 되고 있습니다.

어떻게 왕따를 당하는가?

집단따돌림을 당하면 친구들로부터 어떤 피해를 경험하게 되는지 「왕따 리포트」에서 조사하여 제시한 대표적인 피해 유형을 보면 대체로 다섯 가지로 구분됩니다.

(1) 소외형 따돌림
❶ 인사를 해도 노골적으로 무시하거나,
❷ 함께 노는 데 끼워주지 않으며,
❸ 묻는 말을 의도적으로 무시했습니다.
❹ 다른 친구들과 놀지 못하도록 방해했으며,
❺ 점심을 같이 먹자고 해도 들은 척도 안 했다는 등 집단으로부터 철저하게 소외시킴으로써 심리적 고통을 안겨주고 있습니다.

(2) 욕설·협박형 따돌림
❶ 재수가 없다든지,
❷ x년(놈) 등 심한 욕을 하고 있으며,

❸ 꼴보기 싫으니 꺼져버리라든지,

❹ 죽여버리겠다거나 가만 두지 않겠다고 협박하는 등 폭력적인 언사를 써서 심리적으로 위축되게 만들고 있습니다.

(3) 조롱형 따돌림

❶ 신체적 장애나 생김새를 가지고 놀리거나,

❷ 공부를 못한다거나 머리가 나쁘다고 놀렸으며,

❸ 집안형편(너무 부자, 너무 가난)과 관련해 놀리는 등 약점을 들추어 조롱함으로써 자존심을 상하게 만들고 있습니다.

(4) 장난형 따돌림

❶ 체육복, 가방, 신발, 옷 등을 훼손하거나,

❷ 목 조르기, 옷 벗기기,

❸ 툭툭 치기, 발로 차기, 꼬집기 등 장난을 빙자하여 위해를 가하고 있습니다.

(5) 강제형 따돌림

❶ 숙제를 강제로 해준 적이 있거나,

❷ 심부름을 억지로 한 적이 있으며,

❸ 시험 볼 때 답안지를 강제로 보여준 적이 있습니다.

❹ 또 과제물이나 준비물을 빼앗긴 적이 있으며,

❺ 도시락을 빼앗긴 적이 있다는 등 물리적인 힘으로 왕따들을 괴롭히고 있습니다.

왕따를 당하면 어떤 조짐을 보이는가?

왕따를 당하고 있는 아이들은 학교에서 따돌림을 당하고 폭력을 당해도 좀처럼 그 사실을 호소하지 않습니다. 호소하지 않는 이유는 '고자질하는 비겁한 아이'로 낙인 찍히는 것이 두렵고, 그보다도 호소한 후에 닥쳐올 또 다른 보복으로 상황이 더 나빠질까 봐 두려운 나머지 차라리 침묵을 지키는 것입니다. 그러므로 부모들은 자녀가 따돌림을 당하고 있지는 않는지 평소의 생활에서 특이한 현상이 있는지 주의깊게 살펴보아야 합니다.

전문가들은 다음과 같은 행동이 나타나면 왕따의 조짐으로 간주하고 담임선생님이나 카운슬러와 상담할 것을 당부하고 있습니다.

❶ 안색이 좋지 않고 기운이 없어 보이며 몹시 피곤해 한다.

❷ 무엇인가 두려워하거나 초조한 기색이 보인다.

❸ 학용품이나 소지품이 자주 없어지거나 부서져 있다.

❹ 얼굴이나 몸에 상처가 있거나 옷이 찢겨져 있는 일이 잦다.

❺ 학교에 가길 싫어하고 전학을 가고 싶다고 말한다.

❻ 예전보다 용돈을 자주 달라거나 많이 주기를 원한다.

❼ 가방이나 노트에 낙서가 많고 아무렇게나 색칠한 것을 볼 수 있다.

❽ 친구들과 놀러 나가지 않고 자기 방에 있는 시간이 많다.

부모가 해야 할 역할은 무엇인가?

자녀가 왕따를 당하고 있는 사실을 알게 되면 흥분하기에 앞서 왜 그런 일이 생기게 되었는지 그 이유를 차분하게 살펴보면서 접근해야 합니다. 의외로 자녀 자신의 태도나 행동에 문제가 있어 따돌림을 당하는 경우가 많기 때문에, 우선 그 문제점부터 파악해 보는 것이 가장 현명한 대비방법이 됩니다.

가정은 따돌림에서 벗어날 수 있는 유일한 안식처입니다. 왕따로 인하여 마음이 상해 있는 아이에게 위로와 격려를 통하여 용기와 자신감을 가지도록 이끌어주어야 합니다. 부모가 해야 할 역할을 제시해봅니다.

첫째, 왕따 당사자가 겪고 있는 고통에 대해 어른들이 깊은 이해를 가지고 도와주어야 합니다.
왕따를 당하고 있는 아이들은 자신이 겪고 있는 고통에 대해 어른들이 깊이 이해할 때 비로소 말문을 열게 됩니다. 부모와 자녀 간의 원활한 의사소통 그리고 부모의 적극적인 지지와 격려가 따돌림 문제 해결에 중요한 요소가 된다는 사실을 깊이 인식하고 진솔한 대화로 문제를 풀어나가도록 노력해야 합니다.

둘째, 따돌림을 당한 원인이 어디에 있는지부터 살펴야 합니다.
어떤 이유로 따돌림을 당했는지, 주도적으로 자녀를 따돌린 학생이 누구인지를 파악하고 자녀가 대처할 수 있는 방법을 상의합니다. 그 원인이 자녀에게 있을 수 있고 또 부모에게 있을 수도 있으므로, 부모로서도 자녀의 양육방법을 되돌아보아야 합니다.

셋째, 친구들과 잘 어울릴 수 있는 여건을 만들어 주고, 서로 오해를 풀고 화해하도록 도와줍니다.

자녀 자신이 친구들과 잘 어울릴 수 있는 여건을 만들어 줍니다. 부모가 직접 나서는 것보다는 아이 스스로의 노력으로 친구와 화합해 나가도록 도와줍니다. 먼저 자신에게 호의적인 친구를 찾아가 친해지도록 애쓰거나, 주모자를 만나 사과할 것은 사과하고 양해를 구할 것은 양해를 구해 오해를 풀고 화해하도록 도와줍니다.

넷째, 왕따에 적극적으로 대응하도록 조언해줍니다.

왕따를 시키는 아이들이 따돌리며 괴롭힐 때 무조건 순응하는 태도를 보이거나 두려워하면서 피할 것이 아니라, 적극적으로 대응하도록 해야 합니다.

비록 육체적으로는 약하여 싸움은 못한다 하더라도 기백 하나로 온몸으로 반발하며 싫은 것은 싫다고, 이제 그만두라고 당당하게 응수하며 반격해야만 따돌림을 피할 수 있습니다.

만약 약한 모습을 보이면 오히려 재미를 붙여 계속 괴롭힐 것이나, 당당하게 맞서 대응하면 만만하게 보지 못하게 되는 것입니다.

따돌림은 약자를 대상으로 하기 때문에 이에 대항하기 위해서는 태권도 같은 운동을 배워서 강인한 체력과 정신력을 길러 당당히 맞설 수 있는 기백을 길러주는 것이 최대의 방어책이 될 수 있으므로 이를 적극 권장하는 것도 바람직한 일입니다.

다섯째, 계속해서 따돌림을 당하게 되면 관계기관의 도움을 받도록 해야 합니다.

그래도 지속적으로 당하게 되면 선생님과 상의하여 다른 학교로 전학을 시키거나, 관계기관에 도움을 청하도록 해야 합니다.

7) 성적 욕구를 건전한 방향으로 승화시킨다
_불순 이성교제를 하는 아이

걱정스러운 사춘기의 이성교제

사춘기는 청소년들이 이성과 성에 눈뜨는 시기입니다. 아이들의 키가 갑자기 커지기 시작하고 몸무게도 키에 비례해서 늘어납니다. 딸의 신체 모습에서 곡선미가 눈에 띄기 시작하고, 아들의 신체에서 근육이 발달하여 남성다운 모습이 엿보이기 시작하면 사춘기에 들어섰다고 할 수 있습니다.

이때쯤 되면 아이들은 이성에 대해 놀라울 정도로 관심을 갖게 됩니다. 전문가들에 의하면 초등학교 5, 6학년부터 중학교 1, 2학년 사이에 이성교제에 대하여 큰 관심을 갖기 시작한다고 합니다.

이와 더불어 신체면에서는 내분비기관 특히 생식선과 뇌하수체 등의 성선의 활동이 활발하게 되어 월경의 시작, 음모의 발생, 음성의 변화, 여드름 발생, 몽정 등 성숙의 징후가 나타나기 시작합니다.

이러한 성숙과정이 시작되면 이제까지 잠자고 있던 성선이 활동을 시작하여 성적 활동이 활발하게 됩니다. 그렇게 되면 우선 성에 대한 호기심이 생기고 시각적·촉각적으로 직접 그것을 체험하고 싶은 욕망이 강하게 일어납니다. 그래서 이성과의 악수, 포옹, 키스, 성기접촉 등을 갈망하게 됩니다.

그런데 이 같은 성적 욕구 및 성 충동이 강하게 발동하는 시기에 이것을 건전하고 보람 있는 방향으로 승화시키지 못하면 불량청소년들과 어울리게 되어 불순한 이성교제에 빠지게 됩니다.

이 불순이성교제는 성이 범람하면서 걷잡을 수 없이 성범죄로 발전하면서 요즘에는 원조교제라는 청소년 성매매에까지 이르고 있습니다.

불순이성교제에 빠지게 되는 원인은 무엇인가?

자녀들이 불순이성교제에 빠지게 되는 가장 큰 원인은 자녀들의 이성교제를 부도덕한 것 내지는 죄악시하여 무조건 반대하고 엄격하게 규제하려 하기 때문입니다. 하지만 이에 반발하여 엉뚱한 방향으로 흘러 남 몰래 음성적으로 이루어지게 됨으로써 아이들이 불순한 교제로 빠져들게 된다는 것을 알아야 합니다.

❶ 부모들이 이성교제를 백안시하고 나쁜 짓으로 간주해버리거나, 공개

적으로 이성을 만나는 것마저도 무조건 금지시키게 되면, 어른들을 피해 은밀한 곳에서 관계를 계속하는 결과를 가져오게 됩니다.

❷ 어려서부터 부모에게서 애정을 충분히 받지 못하고 자란 아이들은, 사춘기에 들어서면서 애정욕구를 부모 대신 이성의 사랑에서 구하려 하기 때문에 병적이라 할 정도로 이성과의 관계에 심하게 빠져들게 되는 원인이 됩니다.

❸ 성에 관한 선정적인 포르노물이 범람하면서 성감을 자극하는 사진, 서적, 영화, 비디오를 쉽게 접하게 되어 이에 자극받아 성적 쾌락을 추구하게 됨으로써 불순한 이성교제에 빠져들게 됩니다.

❹ 전화방의 폰팅, 인터넷의 채팅 등이 성행하면서 청소년들이 단순한 호기심으로 접속하다가 유혹에 빠져들거나, 혹은 용돈을 구하기 위해 성인들과 접촉함으로써 이른바 원조교제에 빠져들게 됩니다.

불순이성교제를 방지하려면 어떻게 해야 할까?

불순이성교제를 방지하려면 부모의 이성교제에 대한 인식부터 바꾸어야 합니다. 부모는 자녀의 이성교제를 성장과정에서 일어나는 자연스러운 현상으로 받아들이고 긍정적으로 이해하는 자세가 되어야 합니다.

무조건 아이들을 규제하려는 자세에서 벗어나 건전한 교제가 이루어지도록 도와주려는 자세로 변해야 아이들도 부모를 믿고 따르게 됩니다.

첫째, 이성교제를 조건부로 허락해주고 건전하게 교제할 수 있도록 도와주어야 합니다.

사춘기 남녀의 교제는 오늘날과 같은 개방사회에서는 막을 수 있는 방법도 찾기 어렵고 금지시킬 방법도 없으므로, 차라리 조건부로 허락해주고 건전하게 교제할 수 있도록 도와주는 것이 불순이성교제를 방지하는 길이 됩니다. 그 조건부란 아이들로부터 학업에 대한 문제와 교제의 한계에 대한 확실한 다짐을 받아 두고 허용하는 것입니다. 이것은 어떤 일이 있더라도 학업을 소홀히 하지 않겠다는 것과, 이성문제는 반드시 부모와 의논할 것이며 공개적으로 교제한다는 약속입니다.

그리고 부모가 늘 대화를 통해 서로의 관심사를 터놓고 의논할 수 있게 분위기를 조성해주면 불순한 이성교제를 예방할 수 있습니다.

둘째, 사춘기의 성적 욕구를 자기가 하고 싶은 일에 몰두하게 만들어 건전한 방향으로 승화시켜야 합니다.

불순이성교제에서 벗어나는 가장 바람직한 방법은 사춘기의 왕성해지는 성적 욕구를 건전한 방향으로 승화시키는 것입니다. 다시 말하면 자기가 하고 싶은 일에 몰두하게 하여 간접적으로 성적 욕구를 발산시키는 것입니다. 공부할 수 있는 여건을 만들어 주어 학업에 전념하도록 한다든가, 자기의 특기를 살릴 수 있는 과외활동을 조장해 준다든지, 또는 건전한 스포츠나 등산, 기타 취미활동을 하도록 도와주어 성적 욕구를 보람 있는 일에 몰두하게 하여 해소하는 것입니다.

셋째, 불순이성교제에 빠지지 않게 하려면, 부모의 애정과 신뢰 그리고 가족의 따뜻한 손길이 필요합니다.

병적이라 할 만큼 이성교제에 집착하게 되는 것은 어려서 부모로부터 인정, 관심, 애정을 충분히 받지 못했기 때문에 부모 대신 이성에게서 애정을 찾으려 하는 것입니다. 그러므로 불순이성교제에 빠지지 않게 하려면 무엇보다도 부모의 애정과 신뢰, 그리고 가족의 따뜻한 손길이 필요합니다. 부모의 따뜻한 애정 속에서 자란 아이에게는 비행 감염이 불가능한 것입니다.

넷째, 성교육을 통하여 성에 대한 가치관을 확립시켜 자녀들이 그런 위험에 빠지지 않도록 가르쳐야 합니다.

우선은 선정적인 포르노물과 매체를 원천적으로 차단하는 방법을 찾으면서, 성교육을 통하여 성에 대한 올바른 가치관을 확립시켜 그런 위험에 빠지지 않도록 가르치는 것입니다.

자녀에 대한 성교육은 해박한 이론을 알아야만 할 수 있는 것이 아닙니다. 자녀와 함께 TV나 신문을 보면서 부딪히게 되는 문제들을 자연스럽게 대화를 통해 이해할 수 있도록 가르치면 되는 것입니다.

다만 성 접촉은 사랑이 바탕이 되고 서로가 책임질 수 있는 나이가 될 때까지 기다려야 한다는 점을 이해시켜야 합니다.